广西地方法治与地方治理研究中心重点课题——《"新乡贤"参与广西乡村基层社会治理的双重逻辑及其法治化方法研究》的成果。

张 浩◎著

新乡贤与乡村基层社会治理法治化研究

——基于多元化主体博弈协同视角

XINXIANGXIAN YU XIANGCUN JICENG SHEHUI
ZHILI FAZHIHUA YANJIU
JIYU DUOYUANHUA ZHUTI BOYI XIETONG SHIJIAO

中国政法大学出版社

2024·北京

图书在版编目（ＣＩＰ）数据

新乡贤与乡村基层社会治理法治化研究/张浩著. —北京:中国政法大学出版社,2024.4

ISBN 978-7-5764-1453-0

Ⅰ.①新… Ⅱ.①张… Ⅲ. ①农村－社会管理－法治－研究－中国

Ⅳ.①D920.0

中国国家版本馆 CIP 数据核字(2024)第 082385 号

出 版 者　　中国政法大学出版社

地　　址　　北京市海淀区西土城路 25 号

邮寄地址　　北京 100088 信箱 8034 分箱　邮编 100088

网　　址　　http://www.cuplpress.com (网络实名：中国政法大学出版社)

电　　话　　010-58908586(编辑部) 58908334(邮购部)

编辑邮箱　　zhengfadch@126.com

承　　印　　固安华明印业有限公司

开　　本　　880mm×1230mm　1/32

印　　张　　7.125

字　　数　　200 千字

版　　次　　2024 年 4 月第 1 版

印　　次　　2024 年 4 月第 1 次印刷

定　　价　　49.00 元

前　言

　　2014年《光明日报》以"新乡贤　新农村"为题进行了现实中典型故事宣传和专家学者的学术专题报道，首次明确提出"新乡贤"概念。2016年全国两会讨论《"十三五"规划纲要（草案）》时，安徽省社会科学院研究员钱念孙提出，继承中国传统的"新乡贤文化"，让退休官员、知识分子和工商界人士告老还乡，对农村发展有着积极意义。2017在广东省丰顺县举行了第十三届中国农村发展论坛暨"新乡贤与新农村发展新动能"全国研讨会。学界随之对"新乡贤"的概念、类型、地位、功能，以及与乡村社会的经济、文化振兴、乡村基层社会治理的关系和作用等问题展开了深入持久的研究。在此基础上，我们主要运用理性选择和多元化主体博弈的方法，分析新乡贤在乡村基层社会治理中法治化运行中的角色、地位和功能。

　　全书共分为七章。第一章分析基本概念。在新乡贤相关概念界定方面，首先，对习惯上一直沿用的绅士、士绅、乡绅与乡贤等概念进行梳理和界定；其次，从价值与内涵的角度分析了乡贤、劣绅与"乡愿"这三个概念，为新乡贤的内涵确定正向的价值观和积极的理念；最后，分析和界定新乡贤和旧乡贤之间的异同。在乡村基层社会的概念界定方面，从村庄治理、乡镇治理和县域治理这三个方面展开，认为乡村基层社会应该包括这三个层次，因而乡村基层社会治理也就分为这三个层次的治理，从而界定了新乡贤参与乡村基层社会治理的场域。

第二章从历史流变的角度对乡贤参与乡村基层社会治理进行论述。综观我国历史可以发现，该过程分为三个阶段：先秦至近代漫长的一段时期，在"皇权不下县"的基层政权状态下，乡贤从无到有逐渐发展壮大，成为乡村基层社会治理中不可或缺的中流砥柱。近代以来，由于一系列的经济、社会条件的变迁，传统乡贤的地位及其功能消退，一段时期内，较少提及乡贤。近些年来，乡村社会独特的治理需要，使得人们认识到新乡贤在乡村基层社会治理中的积极作用，乡贤因此又获得重整和创新发展的机遇。

第三章从思想文化的维度论述新乡贤参与乡村基层社会治理的角色和功能。传统社会中，不仅仅是国家和政府难以通过权力行使的方式真正实现乡村基层社会治理，意欲通过主导性思想文化在基层乡村社会进行思想文化传播亦是如此。传统社会主流的思想文化系统在乡村基层社会始终在和内生性的习俗、民间文化等相竞争。乡贤在这种状态下起到的是媒介作用。乡贤一方面拥有一定的文化知识，另一方面又具身在乡，对乡间文化习俗宗教信仰也不陌生。所以，在自上而下和自下而上的思想文化融合过程中能够发挥一般人所不具有的作用。尤其是在现代社会中，在性质、目的和作用等方面，中国特色社会主义思想文化固然和传统思想文化有着很大区别，但是，客观上都存在着如何被快速有效地传播和理解的问题。除了国家和各级政府的大力宣讲示范以外，中国特色社会主义的核心价值观在乡村基层社会的传播，同样需要乡土社会中的这批新乡贤在其中起到媒介、示范和推广作用，全面依法治国也需要这批乡土法杰在其中穿针引线、玉汝于成。

第四章首先分析当前乡村基层社会实际上的组织和管理体

系现状、发展态势。之所以如此，是因为这是新乡贤参与治理的组织前提。只有准确把握当前乡村基层社会的组织结构实际上处于什么状态、发展的趋势和结构是什么，才能够发现新乡贤参与其中进行治理的可行性方法和路径。通过分析发现，当前乡村基层社会即使和以往一样保持着集体经济组织形式，但是在很多方面已经发生了根本性的变化。事实上乡村基层社会中已经形成了国家和地方政府监督和扶持之下，对城市工商组织、小农户进行的监督、扶持、协作、博弈的错综复杂的关系结构。通过对演化博弈和理性选择理论及其方法的综合运用分析，所得到的结论是：这些复杂关系得以均衡的条件在于国家和地方政府能否将管理责任和法律义务相互融合。无论是从现实条件还是从博弈均衡的角度来说，这种融合还需要新乡贤群体的参与和媒介才能最终得以成为可能。新乡贤媒介和促成公权力主体所负管理责任和法律权利相融合的作用，就是其在乡村基层社会治理法治化过程中的独特的、不可或缺的地位、角色和功能。

　　第五章从我国法治建设与法治化变迁的角度论述新乡贤参与乡村基层社会治理。在我国法治建设过程中，始终存在着国家和政府、法学家群体、基层人民群众这样三个互动群体。理想化的法治建设是这三个群体齐心协力的共建。但是，由于不同时期的历史任务、国内外的局势变化，以及思想认识上的原因致使我国的法治建设呈现起伏样态。结论是法治建设过程中一定要以党的领导为核心，以基层人民群众的利益为目标，充分听取吸收法学家群体的理论知识和经验。从可操作的角度并结合乡村基层社会治理实际出发，新乡贤群体由于其充分的代表性、先进性和能动性从而成为乡村社会法治建设的排头兵。

　　第六章从经济维度分析新乡贤参与乡村基层社会治理的路

径和方法。此章主要从"资源变资产、资金变股金、农民变股东"，即通常所说的"三变"角度来论述。在"三变"过程中，都存在着乡村集体经济组织、小农户和其他主体之间的资金、信息、资源等方面的不对称，因此，需要新乡贤充分发挥其在知识、资金、信息、资源、市场化能力等方面的优势以及身处第三人地位的便利条件将"三变"扎扎实实落实在实处。而要做到这一点的话，可行而且可靠的方法就是法治化。

第七章从"自治、法治与德治"，即通常所说的"三治"的角度论述新乡贤参与乡村基层社会治理的角色与功能。"自治、法治与德治"是国家和政府为了适应当前乡村基层社会治理的实际状况而提出的多元化治理方案，目的在于充分利用多方面的资源实现乡村基层社会的共治和善治。乡村社会的自治离不开新乡贤的参与，德治是新乡贤参与治理的题中应有之义，法治是新乡贤这个乡土法杰群体的优势所在，所以，"三治"过程中新乡贤不可或缺，而且，新乡贤的参与也是乡村治理法治化的独特的方法所在。

全书的章节体例设计由张浩完成，第三、四、五、六章由张浩撰写。研究生彭邓撰写了第一章、席龙飞撰写了第二章、林鑫磊撰写了第七章。

目　录

第一章
概念与基本问题界定

在乡村振兴背景下，"新乡贤"一经提出就引发了众多的讨论，其在乡村治理中发挥着重要的作用。新乡贤字面看类似于传统社会士绅中的乡绅、乡贤，他们积极推动乡村的发展与进步，是乡村治理的有力建设力量。尽管新乡贤与传统社会的乡绅、乡贤的概念有许多交叉，甚至是重叠，但是基于新的时代背景，新乡贤在社会主义核心价值观的背景下被赋予了新的含义，并且迥异于士绅中阻碍进步的力量——劣绅。要想把新乡贤嵌入乡村振兴，让其在乡村治理中生根发芽，必然绕不开理清乡村治理的相关概念。新乡贤在什么样的乡村基层社会中发挥作用需要予以分析，具体来说就是何种层级、多大范围的乡村基层社会中新乡贤处身其中并能够发挥作用。在我国行政层级乡村治理被划分为村庄治理、乡镇治理、县域治理，呈现出一个金字塔结构。村庄治理、乡镇治理、县域治理，三者相辅相成、环环相扣。在乡村治理的体系中，村庄治理发挥着决定性作用，乡镇治理起着承上启下的作用，县域治理发挥着统领大局的作用。即便乡村治理不同层级都在强调新乡贤群体的积极性的治理，但是它们在治理空间的差异也必然导致其治理内涵和治理方式有所不同。因此，为了积极推进乡村振兴计划，不仅有必要理清士绅、乡绅、劣绅、乡贤、"新乡贤"的内涵，更有必要阐明村庄治理、乡镇治理、县域治理的区别。

第一节　"新乡贤"与相关概念辨析

一、绅士、士绅、乡绅与乡贤

在中国传统社会中，绅士、士绅或绅衿是彼此不分交替使用、完全一致的概念，都指同一个阶层。绅士分为地方绅士与官吏，是社会中的精英人士，其既可指居官与有官职的人，也可指有一定社会地位的文人，因此他们是"知识分子与官僚相结合的产物是两者的胶体"[1]。绅士见多识广、博学多才拥有极高的文化素养和极其敏锐的政治意识，其不仅遵守并精通儒家伦理道德，而且积极接纳新生事物。绅士正是通过对知识的占有以及与政治特权的结合，从而形成了一个特殊的知识阶层，充当着社会权威、文化规范的角色，对传统社会秩序的稳定和延续发挥了重要作用。绅士是不同于普通人的特定群体，绅士通过各种各样的方法将每一个个体结合成关系紧密的社会群体，该团体具有一定的封闭性，并且掌握了一定的话语权。绅士在读书期间的交际及对社区事务的关心是其形成特定群体的方法。

等级和身份是封建社会人们特定社会地位的标识，它所拥有的社会价值与其数量的增长成反比。隋唐科举制度的建立使得拥有身份和地位也拥有知识的绅士获得了一种广泛性和相对平等性的制度化保障。明清时期，叶梦珠在《阅世编》中就将职官和举贡生员概称为绅士。该书在记述 1660 年（顺治十七年）苏松黜革绅衿一万三千余人案时，把曾出仕者称为乡绅，未出仕者称为士、粉；合而言之，统称绅衿。在近代时期，《申

---

[1]　刘泽华：《战国时期的"士"》，载《历史研究》1987 年第 4 期，第 31 页。

报》称："世之有绅衿也，固身为一乡之望而百姓所宜矜式，所赖保护者也。"因而，这里的绅衿同"绅为一邑之望，士为四民之首"的绅士是完全同一的。张仲礼把中国绅士分为上下层集团，下层集团为许多通过初级考试的生员，主要包括普通生员、监生等；上层集团则由学衔较高及拥有官职的绅士组成，主要包括官吏、举人等。而通过科举名衔可以花钱购买绅士身份，但未经考试证实教育水准成为绅士者为非正统部分。[1]此外，张仲礼还发现绅士身份获得的途径除了科举考试，还包括科举制度外的捐纳制度。王先明在《近代绅士：一个封建阶层的历史命运》将绅士分为了五类：一是具有生员以上的科举功名者；二是由捐纳而获得"身分"者；三是居正职官员；四是具有军功的退职人员；五是具有武科功名出身者。由此可见，绅士的身份和地位的获得，主要是基于官方的授权以及民众的认可，这便使得他们成了官府和百姓沟通的一个极其重要的桥梁，皇权可以通过绅士这只触角伸向乡野，而百姓的声音也可通过绅士这根管道上达庙堂。

绅士按照品行划分，可分为正绅与劣绅。乡绅便是绅士中的正绅，如费孝通所言："他们既非乡村恶霸，也非体制内的干部。"[2]乡绅是相对绅士的一个狭义概念，乡绅中的"乡"不仅指乡村、乡里，而且包括故乡、家乡。在宗法血缘极为浓厚的乡村中，一个乡绅只有得到本地宗族的认可，其所作所为才会被采信为从本村或本乡利益出发。"乡绅"一词在宋代既已出现，而作为固定称谓使用则是在明朝，特别是明朝中期以后，但多数使用的是其同类语"缙绅"。清朝沿用了明朝的用语习

---

〔1〕 蒋宇航：《基于〈中国绅士研究〉探讨传统社会下的中国绅士》，载《散文百家（理论）》2021年第7期，第173~174页。

〔2〕 吴晗等：《皇权与绅权》，华东师范大学出版社2015年版，第63页。

惯，以缙绅指代乡绅。清朝对缙绅的解释是："缙绅者，小民之望也。果能身先倡率，则民间之趋事赴功者必多。凡属本籍之人，不论文武官员，或见任或家居，均当踊跃从事，争先垦种。"[1]因此，乡绅与官府有着千丝万缕的联系，是与本地官僚密切相关的阶层。那么，以官僚为参照物，乡绅可分为以下三类：第一类是官僚系统内部的现职人员；第二类是已经离职、退休还乡的前官僚；第三类是拥有学衔、学识、地位的尚未进入官僚系统的候选人。这三类组成人员不仅与国家权力存在着交集，甚至可以说是寄生于国家权力，因而乡绅必然会在很大程度上支持和拥护国家权力，并且想方设法为封建政权的正当性做合理背书。但是，乡绅具有严重的乡土属性，生于乡土长于乡土的他们与其故乡、家乡是一种共生关系。在乡土社会这样的时空背景下，乡绅的利益必然会与乡民的利益产生勾连，所以维护宗族、乡村的利益和维护个人的利益是两位一体的。任职于城市官府里的乡绅是真正意义上的官僚，其集知识分子、士大夫、绅士、官僚等四种身份于一身。虽然在不同的场合有不同的称谓，但是在本质上都是一个人。"学而优则仕"是古代士人阶层的最高追求，获取功名之后，官僚是其在官位上的称号，乡绅是其在乡土社会的身份。由官而绅的身份转变，决定了乡绅在乡里的公共事务上掌握强大的话语权，自然而然地成为公共事务的代表人。离职、退休还乡的前官僚的乡绅，凭借着以往职位的权力余波以及与现任官员的密切关联，可以对官府有关本乡的政策施加影响。而尚未入世的乡绅通过科举制度的规则与国家权力发生各种各样的联系，加上乡里的威望与地位，他们有资本与官府就推行于本乡的不利政策进行谈判。乡

---

[1] （清）张廷玉等：《清朝文献通考》（田赋考），商务印书馆 1935 年版，第 4876 页。

绅这一社会角色充分地反映了中国古代政治体制下国家与社会的独特关系，以及国家的统治之术所达到的娴熟和技巧。[1]

　　乡贤是乡绅中贤能突出者，东汉孔融为北海相，祀甄士然于社，"此称乡贤之始"。[2]"乡贤"一词最早出现在东汉时期，一般是指乡里德高望重、品行高尚、贡献卓越、才能出众的贤人，亦包括在当地威望较高并且赢得乡民们普遍敬仰和尊重的贤达人士。如果说乡绅、士绅是封建社会中的知识分子群体，是一种因文化而入世或与国家权力相勾连而获得特权的社会身份，那么乡贤除了来自乡民认可与敬重的文化身份外，获得官方的认可与授予荣誉也是不可或缺的。官方的认可与授予荣誉这一政治仪式体现着特殊的象征意义，这不仅表明官方认可乡贤所具有的文化资本，而且标志着乡贤的文化权利得到官方的行政权力的正式授予。在古代皇权不下乡的政治环境中，乡贤承担了乡村社会治理、文化传承、道德教化等作用。乡贤作为一种荣誉，得到了官方和民间的双重认可，因而在某种意义上是一种文化权力，这是一种象征性的非正式权力。此种荣誉而衍生出的责任感和使命感，促使乡贤以自己的德行和才能造福桑梓，并成为乡村建设特别是伦理文明建设的重要力量。乡绅阶层的历史作用主要体现在三个方面：其一，乡绅阶层对乡村社会长期存在的族权拥有一定程度的控制力；其二，乡绅阶层承担国家赋税，对乡村经济具有一定程度的支配力；其三，乡绅阶层都是儒家文化信徒，他们捍卫儒学，为农民甚至官吏做表率。他们通过儒学得以入仕，同时又促进儒学的发展，影响着一般

---

　　[1]　徐祖澜：《乡绅之治与国家权力——以明清时期中国乡村社会为背景》，载《法学家》2010年第6期，第111~127页。
　　[2]　（清）梁章钜：《称谓录》（校注本），王释非、许振轩点校，福建人民出版社2003年版，第465页。

民众的价值观，因而在传统中国社会享有较高的文化地位。[1]

二、乡贤、劣绅与"乡愿"

绅士阶层是传统社会的重要基础，封建政权对这一阶层制定了奖惩准则和行为评价标准。顺治帝仿照明制钦定《卧碑禁例八条》作为生员行为准则[2]，符合行为准则的便是正绅。而欺压百姓、作恶一方、勾结官吏、聚众闹事、抗粮不纳抗官违命的绅士称为劣绅，其家境较为优渥，才华并不出众，只是拥有生监等较低的功名。这成了绅士最基本的要求，民众据此来评判绅士的正与劣。由此可见，劣绅是与正绅相对的概念。劣绅一词最早出于何处已无从考稽，但历史学界的通说认为乡绅的劣化始于近代，即鸦片战争以后，在民国时期被广泛使用。其在《辞海》中的定义为："旧中国地主阶级和封建宗法势力的政治代表，是地主中特别凶恶者（富农中亦常有小的劣绅）。反革命分子的一种。个别的虽非地主，也为地主集团所支持和支配。他们一贯勾结反动官府，凭借权势，欺压劳动人民。有的还直接操纵地方政权，拥有武装，任意对农民敲诈勒索，施行逮捕、监禁、审问、处窃。是帝国主义、地主阶级和官僚资产阶级统治人民的支柱。"简而言之，劣绅是品行恶劣的绅士，该词具有强烈的政治色彩。劣绅是近代中国传统社会最反动、最落后、最保守的社会阶层。

19世纪后期，乡绅的劣化在传统社会中迅速蔓延开来，成

---

〔1〕 杨海坤、曹寻真：《中国乡村自治的历史根源、现实问题与前景展望》，载《江淮论坛》2010年第3期，第117~126、193页。

〔2〕 柳诒徵编著：《中国文化史》（下册），中国大百科全书出版社1988年版，第673页。

为了中国一个严重的社会问题。"有土皆豪，无绅不劣"的话语使绅士阶层遭遇灭顶之灾[1]，土豪劣绅的合并使用促使民众简单地将土豪与劣绅等同，将绅士与劣绅等同，劣绅一词天生的罪恶感几乎感染整个绅士阶层。并且随着近代以来革命运动的高涨，劣绅毫无疑问成了革命运动的众矢之的，划分劣绅已经由传统儒家道德标准转变为革命标准。封建社会在此起彼伏的革命运动中逐渐解体，劣绅作为统治中国乡土社会的特权阶层也走向瓦解，传统的社会结构逐渐失衡以后发生了深刻变化，国家政权与乡土社会相对平衡的状态被打破。乡绅由乡村社会的秩序维护者、稳定者，劣化为劣绅后演变成乡村社会秩序的破坏者，乡民们对其怨声载道，将其视为乡村破败的根源，更被革命者视为铲除的对象。劣绅不再是一个具体的人或者说一个基层，其更多是一种绝对负面的抽象符号，是乡村社会的一种恶、一种原罪。《湖南省第一次农民代表大会决议案》明确指出对待敌人专政的必要性："必将贪官污吏、土豪劣绅根本伊除，然后国民革命胜利才有保障，帝国主义、军阀的基础才算根本消灭。从帝国主义军阀，一直到贪官污吏，土豪劣绅组合起来的这种压迫的剥削的制度，就叫做封建制度，土豪劣绅就是这种制度的根基。"[2]革命者要推翻一个旧社会，就必须打倒这个社会的权力象征，除了皇权之外就是绅权。

"乡愿"一词起源于《论语》，《论语·阳货》中，"子曰：'乡愿，德之贼也'"，孔子认为"贼"的言行即为乡愿，孔子口中的"贼"是指貌似忠厚仁义、实则搬弄是非、颠倒黑白的

---

〔1〕 余进东：《民国时期"劣绅"话语源流考略》，载《江苏大学学报（社会科学版）》2012年第1期，第41~44页。

〔2〕《湖南省第一次农民代表大会决议案》，载《第一次国内革命战争时期的农民运动资料》，人民出版社1983年版，第402页。

人。"子贡问曰:'乡人皆好之,何如?'子曰:'未可也。''乡人皆恶之,何如?'子曰:'未可也。不如乡人之善者好之,其不善者恶之。'"〔1〕孔子和子贡的问答未直接提及乡愿,但是,孔子对一般人所认同的"善"和"恶"的看法强调君子应为善者所喜、为恶者所恶,表明了乡愿行迹者的低下恶劣的道德行为应为众人所唾弃。而后,亚圣孟子详细论述了孔子对乡愿深恶痛绝的缘由:"非之无举也,刺之无刺也,同乎流俗,合乎污世,居之似忠信,行之似廉洁,众皆悦之,自以为是,而不可与入尧舜之道,故曰'德之贼'也。孔子曰:'恶似而非者:恶莠,恐其乱苗也;恶佞,恐其乱义也;恶利口,恐其乱信也;恶郑声,恐其乱乐也;恶紫,恐其乱朱也;恶乡愿,恐其乱德也'。"〔2〕孟子指出了"德贼"的实质是乡愿以及"乱德"带来的社会危害。

当前学界对于乡愿的研究主要有四个方面:一是纠正被误用的乡愿概念。人们看到乡愿一词往往会望文生义,常常将其理解为乡民的愿望或者返乡的愿望,但在儒家经典的话语体系中,乡愿是指那些道貌岸然而戕害道德的伪善者,亦称为"德之贼"。二是对儒家学说中乡愿观点进行梳理。刘云超强调,儒家认为"乡愿媚柔而不立""乡愿诈伪而不诚""乡愿逐利而忘义""乡愿似是而非是"〔3〕,儒家"恶乡愿"的根本原因是其原则性缺失、虚伪性突出、义利观错位、原则性模糊。三是试图连接儒家"乡愿"观和西方哲学。刘林静由"乡愿"之"行为在于随波逐流,人云亦云,只求安稳于世"所传达出的"媚于世"的状态,将其与海德格尔"此在存在的'非本真状态'

---

〔1〕《四书》,陈晓芬等译,中华书局 2017 年版,第 55 页。
〔2〕《四书》,陈晓芬等译,中华书局 2017 年版,第 55 页。
〔3〕刘云超:《生命的延续与荀学之"乡愿"——兼论荀学人性论起点是生命意识》,载《东岳论丛》2016 年第 8 期,第 112~120 页。

沉沦"进行比较，指出海德格尔对"乡愿"的认识与儒家的差别在于不持道德评判，但依然希望人们脱离"沉沦"。[1]沈宝钢指出，在黑格尔法哲学中，伪善有"盖然论""抽象的善""讽刺"三种形态，"乡愿"因其"自以为是"而始终将自我动机定性为善，否认自身的伪，因而接近"抽象的善"的伪善形态。[2]四是以史为鉴，将"乡愿"作为政治人格来讨论。葛荃强调"政治人格观念是中国传统政治文化的重要论域之一"，对晚明东林士人关于"狂狷""乡愿"与"伪君子"的观点进行分析，指出"乡愿的学理之源在'性无善恶'说；乡愿的道德本质是'自为'，表面忠信的实质是私心和私利；乡愿的道德表现似是而非，虚伪乖巧。乡愿在调节社会关系上不分是非，圆滑媚世"，突出其媚俗、媚雅、媚时、媚权的特点。[3]

乡愿作为一种描述人们行为特征和现象的概念，现在依旧存在于社会生活中，并且具有重要的导向性影响。乡愿不仅是部分人奉为圭臬的处世信条，更是与众不同的政治态度。因此，没有必要故步自封，将乡愿等同于狭隘的政治态度，应当随着社会的新陈代谢将其视为一种政治文化进行研究。在全面依法治国的大背景下，赋予其更具当今时代特色的含义，让普罗大众更容易接受。

三、"新"乡贤与"旧"乡贤

"新"乡贤的概念脱胎于"旧"乡贤，也就是传统社会中

---

〔1〕 刘林静：《从孔子之"乡愿"到此在的"沉沦"》，载《文化学刊》2019年第6期，第233~235页。

〔2〕 沈宝钢：《黑格尔论伪善的三重形态——兼与儒家乡愿比较》，载《江苏科技大学学报（社会科学版）》2020年第1期，第29~35页。

〔3〕 葛荃：《作为政治人格的狂狷、乡愿与伪君子——以晚明东林诸君见解为据》，载《东岳论丛》2008年第6期，第133~138页。

的乡贤之中，如上文所述，乡贤一般是指乡里中德高望重、品行高尚、贡献卓越、才能出众的贤人，亦包括在当地威望较高并且赢得乡民们普遍敬仰和尊重的贤达人士。我国已处于中国特色社会主义新时代，乡贤的内涵亦因时而异，被注入了新鲜的时代元素。学界对于新乡贤的定义尚未完全统一，但对新乡贤的解读与阐释主要从以下两个方面展开：一是个人品性与能力。有学者从文化主体角度出发，认为"新乡贤的主体范围既包括道德模范、社会贤达等，也包括以自己的专长、学识和财富建设农村、改善民生的优秀人物，其职业与社会地位可以是多种多样的，比如农村干部、文人学者、退休官员，也可以是企业家、科技工作者、海外华人华侨"[1]；有学者从政策导向角度出发，认为"新乡贤即社会主义建设新时期的从小在农村长大步入城市的杰出人物，回籍后用本身的履历、财产、学问、特长、技能和文化涵养介入新农村建设"[2]二是地域环境。张颐武提出："现代社会存在两种乡贤，一种是'在场'的乡贤，另一种是'不在场'的乡贤，有的乡贤扎根本土，把现代价值观传递给村民，还有一种乡贤出去奋斗，有了成就再回馈乡里。"[3]耿羽等以乡贤群体"在场与否"为概念前提，将地方精英分为"赢利型精英"和"保护型精英"两种类型。赢利型精英不强调与村庄的血缘联系，仅强调物质利益；保护型精英则身心均在乡村，以道德感和荣誉感为行为动力，考虑乡村长远可持续发展，是乡贤治理的主体。赢利型精英和保护型精英区别之处不在于能力和财富，而在于行事动机———"嵌入"

---

〔1〕 杨筱柏、赵霞：《简析传统乡贤的自治能力及现代新乡贤的培育》，载《社科纵横》2018年第5期，第92~95页。

〔2〕 谢静：《新乡贤文化对我国农村文化建设的作用》，载《世纪桥》2016年第2期，第58~59页。

〔3〕 张颐武：《重视现代乡贤》，载《人民日报》2015年9月30日。

村庄抑或"脱嵌"于村庄。[1]萧子扬认同乡贤的"当地"与"外来"的主体分类，但其界定的范围更加广泛，"新乡贤是指基于自我知觉和社会知觉，在后乡土中国背景下一切愿意为农村脱贫和农业振兴贡献自己力量，积极投身乡村治理和乡村事业的人"。[2]

尽管学界对于新乡贤的定义尚争论不休，但是官方通过国家层面和地方政府层面两个维度对新乡贤做了阐述。就国家层面而言，对新乡贤的定义和描述主要从大局出发，相对比较宏观。例如，2013年习近平总书记提出"乡愁城镇化"："望得见山，看得到水，记得住乡愁"。2014年中宣部时任部长刘奇葆指出："要继承和弘扬有益于当代的乡贤文化，发挥'新乡贤'的示范引领作用，用他们的嘉言懿行垂范乡里，涵育文明乡风，让社会主义核心价值观在乡村深深扎根。"[3]2015年中央一号文件《关于加大改革创新力度加快农业现代化建设的若干意见》提出："创新乡贤文化，弘扬善行义举，以乡情乡愁为纽带吸引和凝聚各方人士支持家乡建设，传承乡村文明。"2016年《中华人民共和国国民经济和社会发展第十三个五年规划纲要》提到，"培育文明乡风、优良家风、新乡贤文化"。中央领导人对新乡贤的定义体现了以下几个特点：一是反映了政治风向，表明了中央领导人对于新乡贤的政治定位以及支持和鼓励发展乡贤文化、培育新乡贤的政策；二是中央领导人对新乡贤的新时代品质予以认可，鼓励其弘扬社会主义核心价值观；三是中央

---

〔1〕 耿羽、郗永勤：《精准扶贫与乡贤治理的互塑机制——以湖南L村为例》，载《中国行政管理》2017年第4期，第77~82页。

〔2〕 萧子扬、黄超：《新乡贤：后乡土中国农村脱贫与乡村振兴的社会知觉表征》，载《农业经济》2018年第1期，第74~76页。

〔3〕 刘奇葆：《创新发展乡贤文化》，载http://www.xinhuanet.com/politics/2014-09/16/c_1112504567.htm，最后访问时间：2023年12月3日。

领导人充分肯定了新乡贤的基层性，新乡贤来自基层、扎根基层、服务基层。就地方政府层面而言，对于新乡贤做出了制度化和组织化的定位，并且明确了其独一无二的价值。如果说国家层面的新乡贤定位和描述比较宏观和抽象的话，那么，在地方政府层面上，新乡贤更多是一种基层政权辅助者和乡村建设辅导者的价值存在，即地方政府与新乡贤的通力合作促进社会发展和优化社会治理，新乡贤的价值体现于其承载的社会功能之中。也就是说，地方政府通过制度化和组织化的手段，将新乡贤作为联结基层政权与乡里百姓的桥梁并且具有特定工具性功能的社会群体。

"旧"乡贤依赖于封建制度，与地方宗族势力有着错综复杂的关系。封建政权的认可为其提供源源不断的养分，宗族势力的支持为其输送绵延不绝的血液。随着时代的风云变幻，封建制度已被扫入历史垃圾堆，"旧"乡贤亦因此从乡村社会退场。"新"乡贤应时而生，现代社会为其赋予了新的生命与活力，迥异于"旧"乡贤。首先，新的产生环境。封闭静止的乡村社会是"旧"乡贤的产生基础，自给自足的小农经济是"旧"乡贤得以存在的经济基础；"新"乡贤产生于包容开放的乡村社会之中，快速流动的市场经济是其赖以发展的经济基础。其次，权威来源不同。"旧"乡贤依靠自身的功名、封建官僚的认可及宗族势力的庇护而具有权威，缺乏人民性和代表性；"新"乡贤主要依靠高尚的道德水平、较强的政治影响力、较为优越的经济影响力以及人民群众的大力支持而获得权威。"新"乡贤的出现可以帮助村民有效扭转乡村凋敝的现象，并且在社会主义文明建设快速推进的背景下，普通村民亟待提高自身的文化素养与道德水准以适应社会的高度文明化环境，"新"乡贤的工具性价值满足了村民的迫切需要，基于生存与发展的需要，对物欲主义的追求亦成为普遍的价值追求。因此，这些共同构成了"新"乡贤的权威价值，而利用自身的权威与影响力攫取个人利益、唯利是图或者仅仅追求高尚的品德修养都不构成其追求的目标。因此，同时具有政治、经济地位和道德水平的"新"乡贤也就具有了权威。这三种权威的相同之处在于，对于一般村民来讲，它具有稀缺性又有相对较强的吸引力，使其心向往之。再者，治理地域和机制不同。国家法律和契约一直被传统乡土社会所忽视甚至是漠视，与世无争的无讼观念在乡民社会中极具市场。因此，乡民之间的矛盾就主要是依靠有权威的"旧"乡贤或者乡绅依据传统的村规民约和儒家伦常来调解、化解，这为"旧"乡贤治理乡民社会提供了土壤。在乡村的自治空间中，"旧"乡贤能够依据其对村规民约的熟悉和自身的权威，较好地平衡各方利益，化解矛盾纠纷，如果失败将依其权威来进行压制，防止现有的乡村秩序被破坏，维护持续稳定的秩序感。同时，为其势力范围内的族人提供有效的庇护等，这些都为"旧"乡贤治理提供了合法性和合理性。而"新"乡贤治理的背景是目前乡村治理的困境。乡村人口流失、乡村社会空心化、乡村经济发展滞后的背景，以及基层政府无力应对乡村社会发展的需求为"新"乡贤参与乡村治理提供了可能的空间，国家积极推动"新"乡贤参与乡村治理，"新"乡贤被赋予了合法性并进一步拓宽了进行乡村治理的空间。大部分"新"乡贤生于乡村长于乡村，是乡民中的一员，已经嵌入所处的乡村社会关系网络中，"新"乡贤能够整合乡村及手中的资源推动乡村的现代化建设，进一步满足乡民的需求。面对新的历史条件，党的十九大做出重大决策部署，决定实施乡村振兴战略。为有效构建乡村治理体系，必须加强乡村基层自治基础工作。新乡贤作为国家权力下接至乡村自治的中间地带，可以发挥该群体独特的地缘优势及宗族关系，"减少国家与社会之间的摩擦，增强社会结构的弹性"[1]，推动乡村经济发展，建立乡村运行秩序，重塑乡村道德风貌。

第二节　乡村基层社会的含义及其范围

一、村庄治理

治理的含义是统治、管理的行动方式，其最早出现在世界银行在1989年《从危机到可持续发展》的报告中，报告指出在撒哈拉以南的非洲最迫切需要的不是资金、物资和援助，而是良好的社会治理。此后，治理成为学术界关注的热点问题。治理理论在全球学术界的研究和讨论与我国村庄治理概念的提出有着紧密的联系。人类社会的跨越式发展以及城市化进程的快速推进逐渐出现了城市与乡村相分离的现实情况，村庄治理一直以来都是十分古老的话题，各朝各代的统治者凭借农业经验对村庄农业发展进行治理。迥异于传统的村庄治理，现代村庄治理则是将治理理论研究拓展至乡村场域，是一种新的理论研究，对传统的村庄治理进行了全面的阐述与现代化更新。早在1928年山东的乡绅王鸿在其创办的《村治》月刊中，提出了与村庄治理相类似的村级治理，这是我国村庄治理走向现代的雏形。我国最早对村庄治理进行系统研究的是梁仲华、彭禹庭、梁漱溟等学者，以他们为代表的一些人于1929年共同筹建了河南村治学院。村庄治理的治理场域在于村庄，学者对村庄含义的解释有多种，目前主要有三种含义：其一，"村庄"指自然

---

[1]　徐祖澜：《乡绅之治与国家权力——以明清时期中国乡村社会为背景》，载《法学家》2010年第6期，第111~127、177页。

村，即人们聚居的自然村落；其二，"村庄"指行政村，即在行政区划管理体系中，按一定的区域划分设置行政机构而形成的村政单位；其三，"村庄"指村民委员会，即在村民自治体系中，一个村民委员会所辖区域、人口和组织等。[1]笔者认为村庄是指中国共产党的领导下，村民委员会所辖地域、组织、人口等构成的社会共同体。

我们要理解村庄治理的内涵必须明白上文提到的村庄和治理理论，然而村庄治理并非二者的机械结合。20世纪90年代，治理理论开始进入国内的研究视野，1997年徐勇首次提出了"村庄治理"这一概念，村级治理演化为现代意义上的村庄治理。尽管村庄治理概念的提出已经过去二十余年，但是学界对村庄治理尚未形成统一的定义。张厚安认为村级治理是通过公共权力的配置与运作，对村域社会进行组织、管理和调控，从而达到一定目的的政治活动。[2]金太军认为当前村庄治理的实际状况是国家、村庄精英和普通公民三重权力间的互动，且这三者联系对村治有决定性作用。[3]周红云认为村级治理，就是在农村社区范围内，运用公共权威管理村庄共同事务，促进农村公共利益和集体目标，构建村庄秩序，推动村庄发展，最终达到农村善治的过程和状态。贺雪峰等则从宏观、中观和微观层面对乡村治理进行了界定和研究。[4]党国英认为"乡村治理

---

〔1〕卢福营：《近郊村落的城镇化：水平与类型——以浙江省9个近郊村落为例》，载《华中农业大学学报（社会科学版）》2013年第6期，第17~25页。

〔2〕张厚安主编：《中国农村基层政权》，四川人民出版社1992年版，第245页。

〔3〕金太军：《村庄治理中三重权力互动的政治社会学分析》，载《战略与管理》2002年第2期，第105~111页。

〔4〕贺雪峰、董磊明、陈柏峰：《乡村治理研究的现状与前瞻》，载《学习与实践》2007年第8期，第116~126页。

是指以乡村政府为基础的国家机构和乡村其他权威机构给乡村社会提供公共品的活动，其基本目标就是维护乡村社会的基本公正，促进乡村社会的经济增长以及保障乡村社会的可持续发展"。[1]此外，一些学者从经济学的角度以公共产品为切入点来界定村庄治理，还有的从村庄组织结构和功能方面入手对村庄治理的含义做出解释。尽管如此，以上的村庄治理的解释仍然是被圈定在村庄的范围内。近年来，有学者在村治理论中引入了"治理"理论。俞可平和徐秀丽运用治理和善治理论来阐释，认为农村治理是一个官方与民间机构合作的过程，治理主体不再固定于政府部门，村民、农村精英和村干部都是治理的主体。[2]苏敬媛认为应以治理理论为基础，乡村治理应该通过治理主体多元化、权力多元化、目标多样化和治理过程自主化来处理村庄公共事务，调配村庄公共资源。[3]郎友兴则针对当前农村治理存在的某些不足提出今后的村庄治理应该梳理清楚"治理"的逻辑，倾向于村庄治理的系统性、体系性、全面性和协同性。[4]即便众多学者对村庄治理的定义各不相同，但是不难看出，学界对于村庄治理的内涵界定主要有三个方面：一是从社会关系的角度出发，认为村庄治理是国家权力通过正式制度向基层进行延伸，村庄治理是国家治理的一个组成部分，并且是国家治理在村庄的规范化体现；二是从村庄本位角度出发，村

---

〔1〕 党国英：《我国乡村治理改革回顾与展望》，载《社会科学战线》2008年第12期，第1~17页。

〔2〕 俞可平、徐秀丽：《中国农村治理的历史与现状——以定县、邹平和江宁为例的比较分析》，载《经济社会体制比较》2004年第2期，第13~26页。

〔3〕 苏敬媛：《从治理到乡村治理：乡村治理理论的提出、内涵及模式》，载《经济与社会发展》2010年第9期，第73~76页。

〔4〕 郎友兴：《走向总体性治理、村政的现状与乡村治理的走向》，载《华中师范大学学报（人文社会科学版）》2015年第2期，第1~19页。

庄治理是村民维持和稳定村庄的社会生活秩序、强调道德伦理、传统乡俗；三是从治理的基础出发，认为村庄治理是治理在村庄的微观体现。

　　传统社会中自上而下的国家治理体系对村庄治理产生着巨大的影响，村庄治理只能在相对僵化的国家治理体系下发挥作用。新中国成立以来，现代化进程的推进使得村庄治理从内而外、自上而下都受到了不同程度的影响，这成为现代化村庄治理得以开展与实施的宏观历史条件。但对于中国有着几千年土地传统以及围绕土地而产生的宗族文化的乡村社会而言，村庄自身有着一套完整的内部运行逻辑，并且一定程度上阻挡了国家权力的进一步延伸，"皇权止于县，县下行自治"的双轨政治的治理结构概括了中国传统乡村社会中的村庄治理结构。长期以来，乡村社会是一个具有自身运作逻辑的治理体系。村庄是容纳农民生产、生活以及文化的唯一空间，"乡土中国"是由熟人社会抑或是半熟人社会所构建起来的，改善村庄的任何努力都必须将这一历史基础考虑进去，诚如杜赞奇所说，村庄社会有着自身独特的文化网络，现代化的国家政权想要建立新的政治体系，必须将村庄文化网络纳入其中，否则任何努力都是徒劳。因此，现代意义下的村庄治理必须重新整合，积极融入国家治理体系和治理能力现代化的大潮中。

　　综合已有研究，笔者认为村庄治理是由公权力机关基层乡镇政府、基层党组织、自治组织村委会以及私权主体村民、民间组织共同参与，调配各项资源和要素并实现各要素间协作的过程。村庄治理可看作地方的群体和公民自由表达自己利益的需求，享有权利和承担相应的义务，村庄治理需要个人、社会组织和政府广泛的参与、承担责任，平等地提供地方发展需要的服务，是一个多方面合作的关系。这不仅仅是自上而下的治理，也是自下而上的治理。在乡村振兴的视域下，村庄治理的目标是提高治理绩效。首先，村庄治理需要高学识、低姿态、肯干、敢干、能干且懂得乡村所急所需的村庄治理精英参与，村庄治理精英因其超前的思维和独特的视野成了治理主体的关键部分，村庄治理精英主体地位的独特性和合法性获得了国家和乡民的双重认可。其次，村庄治理需要各项要素。要素的选择以乡村振兴战略要求为出发点和落脚点，以乡村的现代化建设为发展目标，结合村庄实际情况实现乡民走向共同富裕，用良好的村庄文化融合社会主义核心价值观文明乡风，铸就在村庄党组织领导和村庄治理精英参与下有效实现治理目标。最后，需要实现各要素间的互动与有效协作，聚合单一的要素，将其转化为各要素功能之和，促进村庄治理水平的提高。治理绩效的结果可分为治理无效、治理低效、治理有效三种类型。从无效到有效的提升过程中，治理不仅是量的积累，更需质的变化才可实现阶段跨越，这就需围绕村庄本位的各治理要素不仅具备且发挥完善功能促成村庄治理的质变，如果治理要素缺乏或者功能式微则无法助推治理有效的实现反而可能成为治理无效的隐患。

二、乡镇治理

在全球民主化浪潮的过程中，不论是东方国家还是西方国家，政府始终是规则的制定者，掌控权力的政府运用多种手段进行强制性规范。在涉及所有治理主体中，政府毫无疑问具有压倒一切的重要性，其他任何权利主体都无法与之相提并论。政府是治理的根基，并且在治理中发挥着决定性作用。而乡镇政府是最基层的政权组织，是行政权力的终端，与社会每个个体发生联系。在国家治理体系中，乡镇治理能力和治理水平起到了至关重要的作用。乡镇政权的抓地力事关国家政权的稳定性，乡镇是县以下的农村行政区域，层级的基础性决定了乡镇政府的主要工作不是决策部署而是执行上级政策和决定。乡镇将原本松散且广袤的农村地区整合为成千上万个微型治理单元，乡镇政府不仅能够触及中国社会最深层次的治理难题，而且是农村问题的直接关系者。相较于村庄治理和城市治理，乡镇治理具有承上启下的作用。尽管村庄治理是乡镇治理的组成部分，但是涵盖内容更加广泛、治理程度更加复杂的乡镇治理更多地涉及政府与社会的互动及政府管理体制，村庄治理更强调基层自治制度的落实。村庄治理的主体和乡镇治理的主体存在大量重叠，但乡镇治理的主体更加多元、面临的社会事务更加多样、需要的公共服务更加精细。有别于乡镇治理，城市治理可调动的资源更多、政府级别更高、权力更大，且城市中发展了相对更加完善的社会力量并且其具有强烈的治理意识，有能力有意愿积极参与公共事务治理，城市治理的群体更加庞大，治理重点往往关注如何实现智能化、科学化的治理，乡镇治理现代化还要考虑采取何种发展方式和治理主体的现实情况。

乡镇治理的重要性再度进入国家视野是在 2008 年，同年 12 月中国共产党第十七届中央委员会第三次全体会议通过的《关于推进农村改革发展若干重大问题的决定》指出："完善与农民政治参与积极性不断提高相适应的乡镇治理机制，实行政务公开，依法保障农民知情权、参与权、表达权、监督权。"随后在 2015 年修正的《中华人民共和国地方各级人民代表大会和地方各级人民政府组织法》第 61 条对乡镇政府的职权进行了明确的规定："乡、民族乡、镇的人民政府行使下列职权：（一）执行本级人民代表大会的决议和上级国家行政机关的决定和命令，发布决定和命令；（二）执行本行政区域内的经济和社会发展计划、预算，管理本行政区域内的经济、教育、科学、文化、卫生、体育事业和财政、民政、公安、司法行政、计划生育等行政工作；（三）保护社会主义的全民所有的财产和劳动群众集体所有的财产，保护公民私人所有的合法财产，维护社会秩序，保障公民的人身权利、民主权利和其他权利；（四）保护各种经济组织的合法权益；（五）保障少数民族的权利和尊重少数民族的风俗习惯；（六）保障宪法和法律赋予妇女的男女平等、同工同酬和婚姻自由等各项权利；（七）办理上级人民政府交办的其他事项。”[1]而后党的十九届四中全会提出了“完善党委领导、政府负责、民主协商、社会协同、公众参与、法治保障、科技支撑的社会治理体系”要求，这七个方面实际上也是对乡镇治理提出的要求。乡镇治理不仅仅是一种社会治理模式，也是对治理过程和治理结果的概括。在新时代中国特色社会主义事业建设过程中，对于乡镇政府的治理水平提出了更高的要求，需要乡镇政府不断提升自身治理能力现代化水平，不断增强自身社会管理能力和公共服务能力，以满足社会经济快速发展过程中，人民日益增长的对于公共产品的需求。[2]从官方的表述可以看出，乡镇治理强调乡民、乡镇精英、社会组织和其他主体的参与，这符合现代治理理论中多中心、多主体的观点。随着乡村振兴战略的稳步推进，国家将农村的定位提到了一个新高度，从农业支持工业到工业反哺农业释放更多发展红利。这使得处在最基层的乡镇政府必须转变职能，主要职责从原来的“经济管理+社会管理”转变为“社会管理+公共服务”，甚至是单纯

---

〔1〕《中华人民共和国地方各级人民代表大会和地方各级人民政府组织法》1980年1月1日实施，1982年、1986年、1995年、2004年、2015年、2022年六次修正。

〔2〕 王露：《新时代推进乡镇治理现代化的路径思考——以重庆市南岸区X镇为例》，云南师范大学2020年硕士学位论文，第16页。

的提供公共服务。[1]

总的来说，就我国政治社会现实而言，最大限度增进公共利益是乡村治理的目标指引、中心问题。乡镇治理就是以国家政治权力主导，在社会组织、新乡贤、乡民等多方参与下，在乡镇行政区划所辖的农村地区维持公共秩序、提供公共产品、管理公共事务。具体而言，乡镇治理是其所辖的行政区域内，乡镇政府为依托政府公信力和行政权力履行法定职责和上级政策，在乡镇人大组织、乡镇群团组织、村级党组织、村民委员会、新乡贤、乡民以及各种社会组织的参与、服从、配合和支持下，维持公共秩序、提供公共产品、管理公共事务的过程。其目的在于释放发展红利、在于最大程度增进群众的公共福祉，运行动力是行政权力、政府公信力以及政府外各类主体的参与、服从和配合，实现的方式是管理公共事务、维持公共秩序、提供公共产品。新时代背景下的乡镇治理已经完全脱离以往乡镇政府一元行政管理，从直接干预市场和强制管理其他组织到多方共同参与互动，主要职责转变为满足和平衡各方利益需求、提供公共服务、丰富群众的文化娱乐生活，从管理型政府转变为服务型政府，进一步释放社会参与的乡镇治理的活力。

三、县域治理

县域是指有明确地域边界的行政层级，处于我国农村到城市的缓冲地带，它包括现行行政体制中的县（市、区、旗）人民政府承担的行政职能和所辖的行政区划。县域的概念最早可以追溯到秦朝的郡县制，该行政层级已存在有两千多年的历史。县域的所辖范围包括街道、乡镇等基层政府和村、社区等村民

---

〔1〕　梅静：《国家治理现代化背景下乡镇治理实践中的问题及对策研究——以T镇为例》，曲阜师范大学 2019 年硕士学位论文，第 16 页。

与居民自治组织。截至 2010 年，全国县级行政区划有 2856 个（香港、澳门特别行政区、台湾省除外），其中，市辖区 853 个，县级市 370 个，县 1461 个，自治县 117 个，旗 47 个，自治旗 3 个，特区 2 个，林区 1 个。县域国土总面积 896 万多平方公里，占国土总面积的 93%强；县域内人口总数达 9. 15 亿人，占全国总人口的 70. 14%；全国县域经济的 GDP（国内生产总值，下同）占全国 GDP 的 56. 31%。村、乡、县是党和国家治理体系的神经末梢和前沿阵地，也是党治国理政的重点环节和薄弱环节。县域治理是国家治理的重要组成部分，其决定着国家治理体系和治理能力现代化能否实现。

对县域治理，即治理在县域范围内的实践，贾志永认为，县域治理是"指对行政区划中的县级地域空间进行管理，通过配置和运行政府权力，对政府和社会事务进行控制、管理和提供服务的过程"。尹方平认为，县域治理是在县级行政区划范围内，依托遍布社会各个层级的组织机构形成的网络，对公共事务和公益事业进行集中的组织和管理。县域治理既是对事关公民与社会的政治、经济、文化等各项事务的管理，也是治理理论在县域范围内的具体运用。县域治理实质在于多元，是多元主体对社会事务进行的有序管理活动，强调的是政府和民众的良性互动和社会各方主体的有效参与。[1]现今的县域治理不再是以往那般集各项大权于一身的地方性政府，各种行业组织、民间协会以及私人部门等开始参与实施过程和决策的部署及其实施。治理手段差异化、多元化、多样化明显。既采用基于主体资源的非正式制度安排，也依托于正式的制度规则；即凭借社会组织、文化自觉、市场调节与经济控制等软性方式。县域

---

[1] 邹毅：《现阶段我国县域治理问题研究》，中共中央党校 2016 年博士学位论文，第 41 页。

治理不同于经常所言的县级政府治理，两者存在范围和视角的差异。县域治理的主体更加多元，各种社会组织、民营机构、非政府组织等社会团体也被纳入县域治理的范畴，各种主题相互协同对县域公共事务进行有效治理。县级政府治理是以县级政府为主体，县级行政权力主导所有公共事务的治理，强调对权力的配置及合法合理使用。但是在实际运用中，出于便利的考虑，二者几乎是混同使用的。简而言之，在县域治理的组织网络中，县域治理要依托各层级的组织机构对县域公共事务进行组织和管理，不再单独依靠某一权力机构对社会事务进行集中管理，而是协调各社会组织机构依托正式和非正式的制度进行协商管理。[1]

　　国家治理体系和治理能力现代化的主战场在县域治理。但是，在县域治理现代化的推进过程中，应当适时转变为现代化的治理思维，克服和避免传统体制思维惯性所带来的影响，特别是传统的行政权力主导一切公共事务的治理方式和治理理念已然发挥着一定的影响力，很容易被县域治理的人员所忽视。国家治理体系和治理能力的现代化，没有包治百病、放之四海而皆准的"灵丹妙药"。中国地域辽阔，横跨五个时区，纵贯五个温度带。不同县域的情况千差万别，具有本身的独特之处。因此，县域治理通常带有地域性的特点，民族的、地方的理念和思维都会对县域治理产生直接的影响。"政治的现代性是权威的政治秩序的建构、民主化、法治化，或者说，现代性的政治框架基本上是植根于权威合法性来源的变迁之中，现代性的特征是传统精英及统治者的传统合法性的弱化，并在意识形态和制度上确立可以说明统治者与被统治者关系的原则，公民权利

---

〔1〕　宋勇刚：《中国共产党执政以来的县域治理研究》，中共中央党校 2018 年博士学位论文，第 45 页。

与国家权力的结构性关系的规范、政治参与的扩大、政治的开放，等等，此乃一个现代国家建构或政治现代化的基本内涵。"[1]我国的国家治理经历了从权力较为集中的体制到现代民主政治的治理体制的制度性变迁。但是，发展社会主义民主政治，建设社会主义政治文明的历史任务并未完成，各项工作还有待进一步推进。就当前而言，中国处于转型的关键时期，人民群众的利益需求愈加多样化、自主性选择也愈加增多、政治参与意识也得到进一步的提升。这些都是我国推进国家治理体系和治理能力现代化的内在优势。因此，在推进县域治理过程中，要综合考虑各种因素以及各方面存在的问题。而且，县域治理的治理主体应当预判到转型时期经济社会变革的两种不容忽视的趋向：一种是声势浩大且过于频繁的社会动员，强烈地冲击着现行治理体制，造成新的社会动荡；另一种是发挥市场在资源配置中的决定性作用，实现社会与政府的良性互动寻求广泛的社会共识，更好地发挥政府的作用，逐步走向多主体和谐共治的发展道路。第一种局面的发生，在于传统权威突然丧失，而既有的政治体制却难以承担体制惯性所带来的巨大冲击，社会缺乏共同的权威所致；而第二种局面的发生，则在于传统的权威主动做出适应性的调整，通过循序渐进、积极稳妥、有序发展的方式，来实现既定的社会治理目标，以有效防止由于权威失效所产生的系列震荡。[2]

县域治理的现代化本质关键在于中国共产党的领导，并在党的领导下动员社会各界人士、群体组织参与国家治理，实现

---

[1] 周庆智：《基层治理：一个现代性的讨论——基层政府治理现代化的历时性分析》，载《华中师范大学学报（人文社会科学版）》2014年第5期，第19~28页。

[2] 邹毅：《现阶段我国县域治理问题研究》，中共中央党校2016年博士学位论文，第42页。

从统治、管理的行政主导模式到良治、善治的社会共治模式的转变。县域治理现代化的根本追求就是强调人民的社会历史主体地位，并且要坚持创新、协调、绿色、开放、共享的新发展理念，这不仅是县域治理现代化必须遵循的根本发展理念，而且是国家改革发展全局的战略指导思想，其落脚点就是增进人民福祉、实现人民发展共享。县域治理的实质就是"以人为本"，"始终实现好、维护好、发展好最广大人民的根本利益，尊重人民的历史主体地位，发挥人民的首创精神，保障人民的各项权益，走共同富裕道路，促进人的全面发展"〔1〕。县域治理现代化就是坚持以人民为中心，完善各项制度规定，依靠法治保障人民各项权益，调动各方面群众积极性，推动体制机制创新，遵循社会历史发展规律，从根本上实现社会和谐善治。

---

〔1〕　徐勇：《现代国家的建构与村民自治的成长——对中国村民自治发生与发展的一种阐释》，载《学习与探索》2006 年第 6 期，第 50~58 页。

第二章
乡贤参与乡村基层社会治理的历史流变

　　"以史为鉴，可以知兴替。"乡贤参与乡村基层社会治理的传统由来已久，从商周时期的萌芽到秦汉时期的确立，经汉末动乱之后乡贤演化为地方宗族士绅，并形成了地方宗族家长和士绅依据家规乡约和道德礼法治理乡村基层的局面。随着西方侵略者的炮火打开了封建中国的大门，乡贤在参与乡村基层社会治理中受挫，甚至在一定程度上都见不到他们的身影了，乡村基层社会混沌一片，处于极度的无序之中。直到新中国的成立，通过建立村党支部赋予乡贤群体新的意义，为乡贤参与乡村基层社会治理注入新的活力。进入新时代以来，为缩小城乡差距，实现全面建成社会主义现代化的总目标，以习近平同志为核心的党中央提出了"加强和创新社会治理"指导思想。在此背景下，探索乡贤参与乡村基层社会治理的历史流变，取其精华，去其糟粕，为实现新乡贤参与乡村基层社会治理法治化研究提供了理论上的基础。

　　中国自古以来就有着"皇权不下县"的说法。一方面是因为古代中国的交通不便利，正所谓天高皇帝远，皇帝从首都里颁发的每一项政策，大多需要几个月的时间才能到达各个城镇，乡村的百姓不会经常去城里走动，这就造成了很多乡村的信息比较滞后，人员也比较封闭。所以虽然皇权是至高无上的，但是在乡村，权力都掌握在一些宗族族长及乡绅的手中，他们在乡村之中更具有威严，所以被称为"乡贤"，乡村人民的利益与这些人息息相关。同时，乡村以"男耕女织"的小农经济模式为主，家庭之间联系密切，因此，由"乡贤"群体对乡村日常事务加以管理也是符合客观现实的。另一方面，乡村确实没有那么多的事务需要皇帝来操心，皇权下乡意义不大。朝廷固然可以减税利民，颁布一些利民的福利政策，但是日常掌管事务的权力，还都在这些"乡贤"的手里，皇帝对他们来说，既高贵，又遥远。那乡村人民就接触不到政府皇权吗？当然也不是，皇权虽然不下县，但是从很大程度上来说，乡里的那些"乡贤"，就是皇权的代言人。如果把皇权延伸到基层的每一个角落，势必会产生巨大的管理成本，以古代中国这种体量的国家，当政者必须考虑"成本和收益"的问题，所以只能在大局和细节之中选择前者。这也就诞生了"乡贤"参与到乡村基层治理的管理模式，"乡贤"这一群体在古代中国的权力也达到了极致。

这一局面随着西方侵略者的坚船利炮打开了中国的大门而发生改变。自清末鸦片战争之后，在"历史周期率"中封建王朝末期的土地兼并与西方侵略者带来的火车和工厂的共同作用下，原本的乡村经济模式受到了巨大的冲击，同时人员流动也变得十分的便利，乡村再也不是之前的那个乡村了。封建王朝末期的土地兼并导致了大量农民失去土地，农民要么人身依附于"乡贤"，要么远走他乡寻求发展。与其在"乡贤"的压迫下过得穷困潦倒，不如远走他乡谋求出路，因此大部分人选择了后者。这样一来，乡村的宗族组织就在一定程度上因为人口的流动而被瓦解。不论"乡贤"原本具有多么大的威望，当他失去他所管理的基础——人口，那就再见不到他往日里的荣光了。

新中国的成立为乡村基层社会治理注入了新的活力。中国共产党人在土地革命时期提出的"支部建在连上"这一建党建军原则，在和平时期也转化为乡村基层社会治理新模式。以乡村基层党组织为主导的乡村基层社会治理，再一次焕发了农村的活力，这一时期的"乡贤"变成了真正意义上的乡贤。他们由中共党员、退伍军人、知识分子、劳动模范等组成，在基层党组织的领导下，带领农民群众从真正意义上解决问题——"枫桥经验"造就了"小事不出村，大事不出镇"的佳话。进入新时代以后，以习近平同志为核心的党中央在坚持和贯彻党的群众路线的同时，提出了"加强和创新社会治理"指导思想。"统一的价值观和道德标准是人与人之间理性沟通、达成共识的基础，而基层治理的正当性与合法性也体现在统一的价值观和道德标准上。"[1]建立新时代新乡贤治理乡村的基层社会治理模式又重回大众视野。

　　本章拟通过对乡贤参与乡村基层社会治理的历史流变进行梳理，阐明不同时期乡贤在乡村基层社会治理中的作用与特点，以期对乡贤参与乡村基层社会治理有全面、系统而清晰的认识。

第一节　成型与延续

　　古代中国乡贤参与乡村基层社会治理的模式最早可以追溯到商周时期"井田制"的出现。在经过秦帝国的初步尝试之后，这一模式随着汉朝的建立而确立起来，并且一直延续发展，最终成了古代中国乡村基层社会治理的传统模式。

　　商周时期的井田制度诞生了乡村的雏形，[2]贵族领主的奴

---

　　〔1〕　叶泉：《基层治理需要重拾"乡贤"概念》，载《法制日报》2015年11月20日。

　　〔2〕　《周礼·地官·小司徒》载："九夫为井，四井为邑，四邑为丘，四丘为甸，四甸为县，四县为都。""井"是最基础的治理单位，可以类比看作今日的乡村。（汉）郑玄注，（唐）贾公彦疏：《周礼注疏》，上海古籍出版社2010年版，第324页。

隶都在"九井"最中间的公田中劳作，其收入全部为贵族领主所有，[1]而除去公田之外的私田，所得收入都归劳作的奴隶个人所有。在这一制度下，西周时期的贵族领主也就成为"乡贤"的前身。他们的权力不光是收取奴隶的"地租"，同时还掌管着奴隶的生杀大权。当然，这种严格的人身依附关系所产生的只是乡贤参与乡村基层社会治理模式的萌芽。公元前221年，秦国统一天下，历史上第一个中央集权的国家诞生在华夏大地，它所带来的是空前的中央集权。秦朝时期，帝国加强中央集权，影响此后中国上千年乡村基层社会治理的"乡里制度"也由此确立。"可以说，秦汉是乡里制度的确立期，也是封建君主专制时期乡官制确立和发展最充分的时期"，[2]"乡贤"们又转变成由政府任命的官员，虽然失去了掌管生杀的大权，但还是保留着教化农民、解决邻里纠纷、收缴赋税和维护基层社会治安的权力。[3]两汉时期与秦朝相比并没有提供太多的新鲜内容，可以说两汉时期，乡贤参与乡村社会治理的方式与作用并没有什么较大的改变，都是对秦朝治理方式的进一步丰富和完善。秦汉时期乡贤参与的乡村基层社会治理模式，虽然看上去可以将中央的意志贯彻到帝国的最底层，但受限于当时社会发展的客观条件，这样做是十分耗费人力物力的，这导致中央不得不投入大量的资源。而至汉末，中央式微，地方门阀世族、豪强通过"察举制"把持地方，但是"乡里制度"在表面上还是存在

---

〔1〕《周礼·地官·小司徒》载："以任地事而令贡赋，凡税敛之事。"（汉）郑玄注，（唐）贾公彦疏：《周礼注疏》，上海古籍出版社2010年版，第326页。

〔2〕赵秀玲：《中国乡里制度》，社会科学文献出版社1998年版，第7页。

〔3〕《汉书·百官公卿表上》载："大率十里一亭，亭有亭长。十亭一乡，乡有三老、有秩、啬夫、游徼。三老掌教化。啬夫职听讼，收赋税。游徼循禁贼盗。县大率方百里，其民稠则减，稀则旷，乡、亭亦如之。皆秦制也。"（汉）班固撰：《汉书》，中华书局2007年版，第271页。

的，只不过由原本政府任命的"乡贤"，转变成为地方宗族势力的大家长。两晋末期，动乱的局势使乡村受到了战火的袭扰，乡村人民为求自保多使几个村子共同建立一些乡里坞壁[1]来抵抗流兵散寇。从该时期开始，乡贤的组成群体正式转变为以宗法血缘为纽带的地方宗族族长和地方士绅，他们运用家族礼教这样的私法进行乡村自治。唐朝时期，全国出现了大量的自然村，这些自然村多以单姓或双姓冠名，[2]这也从一定程度上反映了该时期宗族力量强势，村中掌权者——村正并不再由官府任命[3]，而是由宗族推举家长或士绅担任，这就是此时期的乡贤。乡村进一步自治化，但是乡贤权力有所下降，只是负责简单的基层治安、外来人户管理与上报。这种情况的出现，一方面是因为唐朝律法完备，大部分纠纷可以在官府那里得到解决，不需要乡贤过多参与；另一方面是因为，村之上的里，可以有效地对村中的事务进行管理，削弱了乡贤们的权力，乡贤更像是宗族大家长对家族内事务进行管理。宋朝时期的乡贤在乡村基层治理社会中的作用就尤为重要了，其不光能在一定程度上控制本地的各种组织，还能在基层官员圈子具有一定的影响力。"杰出的士大夫渗透于社会的能力，以及当他们愿意时，明显反映

---

〔1〕 乡里坞壁，主要是指多个村子为自保而聚合起来的基层自治组织。其主要有以下几个特点：第一，坞壁主的身份一般是庄园主或是在乡里有号召力的官吏等人员；第二，这类坞壁一般都是以宗法血缘关系为纽带，以宗族为核心；第三，这类坞壁内一般都设立比较完整的律令仪礼条文，以相约束；第四，坞壁是民间组织的里之上的一级乡村组织。参见齐涛：《魏晋隋唐乡村社会研究》，山东人民出版社1995年版，第11~17页。

〔2〕 日本的圆仁和尚在中国游历时写的日记《入唐寻求法礼行记》中曾记载他到达的每个村落，其中所提及村名大多以单姓或双姓命名。

〔3〕《通典》中也曾记载："诸里正，县司选勋官六品以下白丁清平强干者充；……其村正，取白丁充。"（唐）杜佑撰：《通典》，浙江古籍出版社2000年版，第131页。

出来的管理监督较低层次的能力，很自然地补充了国家威胁利诱相兼而行的控制方式。"[1]主要表现为协调各种行业组织及协调他们之间的商事纠纷，对官府具有一定的影响力，则是因为表面上可以以民众领袖的身份调解村民与官府之间因繁重的赋税而引起的矛盾，实则是为了中饱私囊顺带再沾上一点发给群众的红利。"与这两方都有关联的是擅长处理抵押契约、课税、诉讼的人，或是提供保护不受他们骚扰的捐客。基层领袖只关注自身的利益，要与各种中间人周旋，他们与某些当地组织有利害关系，并在国家或外部社会面前代表这些组织。"[2]元朝的乡贤主要协调本地的起义军与村民之间的关系，这是由于元朝的基础行政的管理十分粗放，导致官府权力在乡村基层社会出现了真空，只有起义军与村民之间有着较为紧密的关系。重复汉制的明朝，在乡村基层社会治理上突出了礼乐教化的重要性，该时期的乡村除里长、保长还有最为关键的里老[3]，他们共同组成了明朝的乡贤群体。里老作为明朝乡贤的代表，其主要职责是处分乡间词讼，实际上里老是由宗族组织集中家族力量推选某人，经官府认证后，由其利用乡约家规来处理乡村纠纷，这事实上就是官府与宗族媾和的产物。[4]这一结果是由于客观

---

〔1〕　〔美〕吉尔伯特·罗兹曼主编：《中国的现代化》，陶骅等译，上海人民出版社1989年版，第123页。

〔2〕　〔美〕邓尔麟：《嘉定忠臣——十七世纪中国士大夫之统治与社会变迁》，宋华丽译，中央编译出版社2012年版，第83页。

〔3〕　里老，是指乡村中那些年事较高、品德优秀、知情达理的群体。参见方志远：《明代国家权力结构及运行机制》，科学出版社2008年版，第370页。

〔4〕　随着农村社会经济的恢复与发展，宗族势力的重新复苏也是在情理之中。而事实上，尽管强宗大族受到打击，只要生产、生活方式不变，乡村宗族的宗族势力重新崛起，则必然在乡村社会产生重要的影响。无论是里长或里老，其先后在乡村社会的核心地位，不仅需要国家权力的认可或维护，也必须得到当地强宗大族的支持和配合。参见方志远：《明代国家权力结构及运行机制》，科学出版社2008年版，第378页。

上的局限性，主要是由以小农经济模式为基础的家族关系的紧密性所导致，一直到清朝，乡贤参与乡村基层社会治理的本质还是宗族组织利用乡约、家规处理家族内部矛盾或与他人的纠纷，同时乡贤所带领的宗族组织也在少数民族政权中充当着社会"减震器"的角色。[1]

乡贤作为封建皇权的代理人，在封建王朝的鼎盛时期（此时也是皇权达到极致的时期），可以通过中央政府对其加以一定的限制，从而达到一个良好的社会治理效果。一旦中央式微，乡贤参与乡村基层社会治理的弊端就开始显现出来：首先，乡贤本身就不一定是品德高尚的人，他们只是由宗族推举出来的代理人，他们在乡村基层社会治理中所起到的作用就是为了维护宗族利益，并不能真正教化村民；其次，在代替官府实施调解矛盾的行为时，也往往有失公允，不能够客观公正地进行调解，致使调解活动失效，扩大矛盾；最后，乡贤在参与乡村基层社会治理时所使用的工具并不是律法，而是单纯的道德准则（不论是优秀的传统美德还是文明里的糟粕道德），这很难不产生一些骇人听闻的结果。[2]总的来说，古代中国的乡贤在中央的领导下，通过替官府征收税款、维持治安、调解邻里纠纷和兴学教化村民等方法，实现了良好的乡村基层社会治理效果，但还是存在着一定的局限性。

---

〔1〕 参见李世众：《晚清士绅与地方政治——以温州为中心的考察》，上海人民出版社 2006 年版，第 102 页以下。

〔2〕 参见吴佩林：《清代县域民事纠纷与法律秩序考察》，中华书局 2013 年版，第 150~155 页。

第二节　挫折与归隐

"其兴也勃焉，其亡也忽焉。"[1]古代中国封建王朝的末期总是会出现大肆地土地兼并，作为农耕文明国家，这一现象是致命的。特别是对于农村社会来说，土地兼并就意味着赖以生存的生产资料被夺走，农民群体只能完全人身依附于地主才能够继续生存。这样一来，乡贤在参与乡村基层治理中的作用原本应该无限增大（就像土皇帝一般），但是，同时期的西方侵略者将工业革命的成果带进中国，使得封建乡贤原有的作用受到了巨大的冲击。甚至到了民国时期，因为战乱和动荡不安的时局，乡贤一度在乡村基层社会治理中销声匿迹。

1840年第一次鸦片战争之后，内忧外患使得清政府的统治岌岌可危，中央政府自顾不暇，广大的乡村地区已经成了事实上的"自治地"，乡村地区大量的土地兼并本可以让乡村的乡贤拥有更大的权力。事实上他们也做到了，封建乡贤治理下的乡村享有商贸、宗教以及其他与该地区的管理、保护等其他方面完全的自由。无论乡村需要提供什么样的福利服务，都不是由清政府提供的，也不是通过任何政府官员干预发放的，而是由乡贤组织发放的。通过这种方式，乡贤负责保安、教育、公共卫生、道路的维修、照明和无数其他事务。但是他们又放弃了这个机会，"乡绅会利用乡村组织来保护地方利益，甚至达到向清政府权威挑战的程度；平民或许因生活绝望而参加骚动，当土匪，或直接造反。表面看来平静的村庄，背后潜伏着反叛者。在社会动荡时期，乡村组织就会改变其本来面目，进一步促进

―――――――――

〔1〕　参见（晋）杜预撰，（唐）孔颖达疏：《左传》，中华书局1957年版，第172页。

社会动荡"。[1]在铁路的作用下迁徙变得不再是一件困难的事情，愈发动荡的乡村社会，导致了大量的无地农民被迫进行迁徙，选择去城市里、工厂中谋取生路。不论乡贤原本具有多么大的威望，当乡村青壮年及大量家庭选择离开乡村，那就只能剩下他独自一人自娱自乐了，自此传承上千年的乡贤参与乡村基层社会治理的模式开始瓦解。清宣统帝逊位后，中国告别了上千年的封建帝制，人民迎来了民主共和。就当所有人以为要实现孙中山先生的"平均地权，使耕者有其田"时，袁世凯恢复帝制、张勋复辟、北伐战争等一系列时局变动，再次打击了乡贤参与到乡村基层社会治理的可能性。如果说真正实现"平均地权"的设想，乡村地区不但会再次获得青壮年人口，而且乡贤在收获大量人口作为自己的佃户之后会重新获取参与乡村基层社会治理的动力（改善佃户居住环境、教育水平、生活稳定等可以吸引更多的劳动力成为他的佃户，有利于自己财富的增长）。但是，混乱的战局使得乡村基层彻底失去秩序，乡贤们的人身安全都已经是"泥菩萨过河——自身难保"，就更别说去参与乡村基层社会的治理了。"即在统治者与被统治者之间，他们身份上没有任何区别而只是实力不同。因此，被统治者没有那种献身性的从属意识，统治者也没有为村民这些被统治者谋福利并对此加以保护的这种全村代表者的意识，两者的关系只停留在上下支配关系这一点上。"[2]因此，也就见不到乡贤在乡村基层社会治理中的踪影了。

"宁汉合流"之后，蒋介石在中原大战中的胜利，标志着蒋

---

〔1〕 萧公权：《中国乡村——论19世纪的帝国控制》，张皓、张升译，联经出版事业股份有限公司2014年版，第313页。

〔2〕 ［日］内山雅生：《二十世纪华北农村社会经济研究》，李恩民、邢丽荃译，中国社会科学出版社2001年版，第154~155页。

介石和他的国民党所建立的国民政府已经成为当时中国的合法政权组织。此时中国的大部分地区又趋于和平稳定，被战火蹂躏的乡村再次得到喘息的机会，国民党政权也迫不及待地想要将权力的触手伸及这片净土。"晚清至民国的乱世国家对乡村基层缺乏有效控制便被看作'传统'的常态，而国家强化这种控制的努力则被视为由'传统'向'现代化'迈进的'民族国家建构'进程。"[1]但是，沉重而又繁多的赋税使得乡贤自顾不暇，更不用说让他们再次承担起乡村基层社会治理的重任了。"有人指出，单就村里选举的结果看，选得其人者，虽颇不乏人，而地方上公正而负有人民之信仰的人士们，多取消极的态度；结果，所谓土豪劣绅者流，得乘机而入，或者操纵选举，或者违法运动，以图取得村里长副，便于作威作福。"[2]又到日本军国主义侵略部队侵略中国之时，乡贤选择再次明哲保身，只是表面上维持着村子的治安，实际上处处为自己的利益做打算，放弃了乡村基层社会的治理。同时期的红色政权——陕甘宁边区政府治理下的乡村，却是一片欣欣向荣之景象。在中国共产党的领导下，乡贤群体一改之前封建的性质，真正地转变成为为乡村人民群众谋福祉的有知识、有高尚品德的人（有中共党员、知识分子、军人、农民和进步乡绅）。"抗战全面爆发后，民族危机骤起，乡村经济社会发展遭受巨创，民生凋敝。而乡村社会的有序与稳定，乡村民众的安定与乐业是关系到抗日根据地能否巩固，中国共产党局部执政能否稳定的核心问题。因此，加强党的领导，发挥党的总揽全局、协调各方的领导核

---

〔1〕　秦晖：《传统十论——本土社会的制度、文化及其变革》，复旦大学出版社2004年版，第5页。

〔2〕　李德芳：《民国乡村自治问题研究》，人民出版社2001年版，第124~125页。

心作用，势在必行。"[1]在党的领导下，乡贤群体承担起了维持乡村治安、支援前线、恢复生产、引导群众加强思想教育等任务，此时乡贤参与乡村基层社会治理颇有成效，使得根据地乡村地区生活恢复到往日的繁荣。

近代以来，由于时局的动荡不安，乡贤在乡村基层社会治理中逐渐受挫，几经迷失。在历史的滚滚车轮之下，所有人都如同蝼蚁一般无力，更何况这些思想落后的封建乡贤。因此受挫是必然的。但是我们仍然可以看到，在中国共产党领导下的乡村地区，出现了新的乡贤，他们在党的领导下积极参与乡村基层社会治理并取得了不错的效果，同时也为之后的乡贤参与乡村基层社会治理指明了道路与方向。

第三节　重整与创新

从抗战时期中国共产党领导的陕甘宁边区政府所引导的乡贤参与乡村基层社会治理中可以窥探到，只要给予正向的引导，这种模式所产生的效果还是比较实际有效的，同时也符合客观实际的要求。新中国成立后，毛泽东在土地革命时期提出的"支部建在连上"这一建党建军原则，在和平时期也转化为乡村基层社会治理新模式，既在乡村地区成立党支部，由党对农民进行教育，实现乡村基层的社会主义改革与安定。改革开放后，在党领导下的乡贤积极实现乡村地区的经济发展任务。21世纪之交，乡贤又为基层民主自治、引领乡村基层社会风气做出巨大贡献，以身作则地为实现社会主义核心价值观而努力。进入新时代，在以习近平同志为核心的党中央的带领下，乡贤成为

---

〔1〕李春峰：《抗战时期中国共产党对乡村的社会整合——以晋察冀边区为例》，载《辽宁行政学院学报》2014年第4期，第125页。

"打通社会治理最后一公里"的关键一环，是实现乡村振兴战略的关键一招。要继承和弘扬有益于当代的乡贤文化，发挥新乡贤的示范引领作用，用他们的嘉言懿行垂范乡里，涵育文明乡风，让社会主义核心价值观在乡村深深扎根。

新中国的成立使得社会再一次安定下来，广大乡村地区焕发出了前所未有的活力。进入新民主主义时期后，对农村农业的社会主义改造迫在眉睫，原本认为获得土地的农民将会发挥高涨的劳动生产积极性使农业生产获得稳定发展，但是事实并非这样。因此，毛泽东提出在进行农业社会主义改造时，就需要组织带有社会主义萌芽的几户或十几户在一起的农业生产互助组来引领其他农民走上社会主义的道路。此中的先行者充当了这一时期的乡贤，在党的领导下，用自己的进步去树立榜样，引领其他人，帮助党实现对农村农业进行社会主义改造的目标。在此之后，乡贤们开始在乡村社会基层治理中大放光芒：在基层治理上，助力建立人民公社，成功实现了农村农业的社会主义改造；在发展农村经济方面上，有带领农民致富的陈永贵（大寨村党支部书记）；在调解乡村基层社会矛盾上，又有以浙江省枫桥村〔1〕党支部为代表的群体。真正发挥乡贤参与乡村基层社会治理的作用，关键在党的领导。

改革开放以来，人民公社在农村逐渐解体，取而代之的，是政治层面上的村民群众自治制度和经济层面上的家庭联产承包责任制〔2〕。国家的发展战略也转向以经济建设为中心，此时

---

〔1〕　枫桥镇干部群众创造了"小事不出村，大事不出镇，矛盾不上交，就地化解"的"枫桥经验"，这一乡村民间矛盾的调解工作，就是属于党领导下的乡贤参与乡村基层社会治理之一。

〔2〕　"我国村民自治实践始于人民公社制度的解体，随着改革开放的历史进程，中国乡村的秩序重构孕育和促进了村民自治的内在需求。"参见刘同君、王蕾：《论新乡贤在新时代乡村治理中的角色功能》，载《学习与探索》2019年第11期，第50页。

农村中脱颖而出了一批致富能人，他们通过辛苦的农业劳动或者外出务工等方式而率先富裕起来。"他们在经济上成功后，转而寻求政治上的地位，通过参加村级选举或上级组织的提携任命，担任了村级组织的领导人，主导着村级公共权力的运作，形成了农村基层政治生活中的'能人治村'现象。"[1]这些能人确实有致富的能力，但是仅这样就可以把他们看作是乡贤吗？答案是可以的，"'先富能人治村'的出现，源于农村经济发展的强烈要求，因此往往具有广泛的民意基础"。[2]而他们参与的乡村基层社会治理也确实取得了成效——引领农民群体走向物质富裕，使得乡村生活在一定程度上得到了改观[3]。而且继续不断地为乡贤参与乡村基层社会治理注入新的能量，"他们的回归多以公益活动（无论是名义上的还是实质上的）介入乡村、反哺乡里，在客观上无疑会重新形塑乡村社会治理的精英结构"。[4]21世纪之初，基于乡村基层民主的要求，全国开始大范围地制定村规民约。[5]乡贤文化建设，有助于塑造当代乡村文化建设主体，从根本上解决乡村文化建设内生力量不足的问题。乡贤是乡村的灵魂，是维护乡村秩序、促进经济繁荣发展、

---

〔1〕 裘斌：《"乡贤治村"与村民自治的发展走向》，载《甘肃社会科学》2016年第2期，第164页。

〔2〕 胡序杭：《"先富能人治村"：农村基层党组织建设面临的新问题及其对策》，载《中共杭州市委党校学报》2005年第3期，第56页。

〔3〕 这种改观主要存在于以下几个方面："第一，拉动经济增长，升级乡村基础设施；第二，协助基层政府，构筑有效治理机制；第三，承袭优良品德，重塑乡村道德风尚。"参见李芬芬、陈稀奏：《新乡贤研究的文献综述》，载《衡阳师范学院学报》2018年第4期，第151~152页。

〔4〕 姜方炳：《"乡贤回归"：城乡循环修复与精英结构再造——以改革开放40年的城乡关系变迁为分析背景》，载《浙江社会科学》2018年第10期，第76页。

〔5〕《中华人民共和国村民委员会组织法》由第九届全国人民代表大会常务委员会第五次会议于1998年11月4日修订通过，自1998年11月4日施行。21世纪之初，乡村基层按照该法，掀起一场修订村规民约的热潮。

实现乡村社会治理的关键。当前是一个迅疾发展的时代，中国农村发生了嬗变，新乡贤作为一股农村治理新力量正在不断涌现，并发挥着地方治理的作用。中国提高基层社会治理体系与治理能力现代化应立足于传统和现代双重维度，通过政府与民间互动，积极培育符合时代要求的乡贤，以此引导乡村基层社会道德风向并订立符合本地实际情况和中华民族传统道德价值观的村规民约，最终使乡村走向符合社会主义核心价值观的基层民主自治。

　　进入新时代以来，以习近平同志为核心的党中央在坚持贯彻党的群众路线中提出要"加强和创新社会治理"，这是中国共产党为了应对处于百年未有之大变局的当今世界所做出的决策。"同时，我们也要看到，相比我国经济社会发展要求，相比人民群众期待，相比当今世界日趋激烈的国际竞争，相比实现国家长治久安，我们在国家治理体系和治理能力方面还有许多不足，有许多亟待改进的地方。真正实现社会和谐稳定、国家长治久安，还是要靠制度，靠我们在国家治理上的高超能力，靠高素质干部队伍。我们要更好发挥中国特色社会主义制度的优越性，必须从各个领域推进国家治理体系和治理能力现代化。"[1]在此之中，乡村基层社会治理便是推进国家治理体系和治理能力现代化的关键之处。而中国传统乡村治理模式中的乡贤文化，根植于乡土且贴近性强，蕴含着见贤思齐、崇德向善的力量。乡贤文化作为一种亲善性、人本性的先进文化，具有教化乡民，引导乡民的作用。弘扬乡贤文化的耕读精神，引导农民努力学习科学文化，营造学习型乡村共同体；发挥乡贤文化的教化功能，引导农民见贤思齐、崇德向善，自觉遵守相关法律与道德规则，

---

〔1〕习近平：《切实把思想统一到党的十八届三中全会精神上来》，载《人民日报》2014年1月1日。

重塑乡村的良好秩序；以优秀乡贤文化涵养乡村文化，最终实现建设文明乡风的目标。"近年来，随着精准扶贫、乡村振兴政策的推进，'乡贤'在经济发展水平较低的中西部欠发达地区也开始出现，地方政府在精准扶贫、乡村振兴的实施过程之中也在纷纷探索与建立乡贤参与乡村治理的模式。"[1]事实证明，具有鲜明时代特征的新乡贤[2]参与乡村基层社会治理是切实可行的基层治理办法，其所具有的意义也是十分重大的[3]。新时代乡贤参与乡村基层社会治理有利于践行中国特色社会主义基层民主、乡村法治建设和德治建设[4]，有效地推进国家治理体系和治理能力现代化，也是取得脱贫攻坚战伟大胜利和乡村振兴战略的伟大法宝。

现代社会的和平安定，使得乡村基层社会治理尤为重要，同时，当今世界局势的扑朔迷离，又使得实现中华民族伟大复兴的中国梦就必须要求进行有效的乡村基层社会治理。在各种外力因素的共同作用下，中华民族传统文化当中的乡贤参与乡

---

〔1〕 耿羽、郗永勤：《精准扶贫与乡贤治理的互塑机制——以湖南 L 村为例》，载《中国行政管理》2017 年第 4 期，第 77~82 页。

〔2〕 新时代的乡贤不仅需要具有较强的治村能力和较高的法律素养，这使得他们在参与乡村基层社会治理的各个环节，加大对村民群众参与的广泛性与实质性的重视程度；同时，他们也继承了传统乡贤的家国情怀和担当精神，是面对危机时能立德、立功、立言的普通人。

〔3〕 新时代的乡贤参与乡村基层社会治理不仅能够将法治和德治的紧密结合，还可以促进经济发展和道德文化建设的齐头并进。

〔4〕 "第一，促进村民自治实践。首先，能够助推村民自治制度落地生根；其次，可以发挥村民自治的智库作用；最后，可以推动村民自治实践创新。第二，加强乡村法治建设。在新乡贤参与的治理下，可以提升乡村普法水平、有效化解乡村矛盾纠纷、促进基层政府依法行政。第三，引导乡村德治建设。新乡贤本身不仅可以催生农民的良好道德氛围，还能够支撑新时代乡风文化建设和引领社会主义核心价值观的践行。"参见刘同君、王蕾：《论新乡贤在新时代乡村治理中的角色功能》，载《学习与探索》2019 年第 11 期，第 49~52 页。

村基层社会治理的模式将会是一个不错的选择[1]。乡贤是乡村社会教化的启蒙者，是乡村内外事务的沟通者，是造福桑梓的引领者。中国传统乡村社会一直有着浓厚的重贤、尚贤的良好风尚，并由此构成了独具中国特色的乡贤文化，"然而新乡贤的出现需要社会环境条件配合，同时也不能离开文化土壤的培育，因此，给予社会必要的自治空间，重新激活生活世界的创造性活力，实现国家与社会的良性互动，在建构合理健康的政治新秩序的同时，也营造生机勃勃的文化新秩序，最终不仅乡村社会将涌现大批新乡贤，神州大地亦会产生大批新楷模"。[2]通过历史的实践可以得出，这样的社会环境只能是在中国特色社会主义的大环境之中，在中国共产党的领导下，乡贤才能在乡村基层社会治理当中发挥出无限的活力。

---

〔1〕　就如十九大报告中提到的一样："文化是一个国家、一个民族的灵魂。文化兴国运兴，文化强民族强。没有高度的文化自信，没有文化的繁荣兴盛，就没有中华民族伟大复兴。"乡贤参与乡村基层社会也是文化自信的表现。

〔2〕　张新民：《从乡贤文化看社会秩序的重建》，载《教育文化论坛》2016年第3期，第115页。

第三章

新乡贤参与乡村基层社会治理
法治化的思想文化维度

第一节 乡村社会思想文化系统的构成与整合

日本中国法制史专家滋贺秀三在《中国家族法原理》中记述了调查员在华北农村进行调查时和农民的一段对话。[1]当调查员努力想把对话引导入自己所能理解和掌握的一套概念和话语体系中时，却总是不得其所。相反，这段对话却展示了中国农民有着自己的一套概念和思维方式。[2]对认知这套概念体系及

---

〔1〕 这段对话如下："问：宗祧是什么意思？答：不知道。""问：说继承这样的话吗？答：不说。""问：作为家长的父亲死后长男成为家长的事情叫做什么？答：不明白。""问：家长一死大概能当下一个家长吧？答：能。""问：能当下一个家长的事情叫什么？答：没有名称。""问：家长的代替叫什么？答：叫家长。""问：家长死后可以成为下一个家长的事情，别的家的人把这称作什么？答：不称作什么。""问：把继承宗祧的事情叫做什么？答：没有那样说的。""问：比如我是家长，任先生作为我的长子，我死后任先生代替成为下一个家长的事情叫做什么？答：叫做料理家务。""问：料理家务一般叫做什么呢？答：不叫做什么，叫过日子。"参见 〔日〕滋贺秀三：《中国家族法原理》，张建国、李力译，法律出版社 2003 年版，第 98 页。

〔2〕 农民在知识上的欠缺并不表明其在认知事物和思维推理上也是欠缺的。每个人认知事物都是在一定的概念及其框架内进行的，没有谁能够说已经掌握了完全正确的，且对于理解外界而言足够的概念和方法。每个既有的观念及其方法都是在既定情境中形成的"理念型"，其作用在于不断地延长人们认知和实践的互动链，在更多原来不可以直接比较的事物之间进行比较。参见方惠容：《"无事件境"与生

其思维方式的独特性描述得最为传神的是福柯。在《词与物——人文科学考古学》开篇，福柯讲述了他在阅读博尔赫斯记述"中国某部百科全书"时所得到的不可思议的奇幻感觉。在他看来，中国是一个"缺乏所有连贯空间的图表的神秘王国……中国文化最无视时间，但又最喜爱空间的纯粹展开"。因此，它是一种"苍天下面的堤坝文明……它在四周有围墙的陆地的整个表面上散播和凝固，即使它的文字也不是以水平的方式复制声音的飞逝，它以垂直的方式树立了物的静止的但仍可以辨认的意向"。[1]无论是滋贺秀三还是福柯均在无意中揭示了中国农村从过去到现在都一直存在着的真实场景，即传统的思想文化从来没有真正在旧时代的基层乡村社会居于主导性的地位。

　　真正在乡村基层社会共同体完成根本性变革的是中国共产党的领导的、从日常民众基本世界观到国家和社会制度全面重塑的社会主义新的思想文化及其政治制度建设。2020年全国两会期间，习近平总书记看望参加全国政协会议的经济界委员时讲了一个"金扁担"的故事。在回忆知青时代曾与当地农民畅谈未来发展时，他说道："我当时和乡亲们说，你们再努力想想呢，将来还想到什么境界？他们说。那就将来干活挑着金扁担。"习近平总书记认为"这个目标也在实现中"。[2]

　　这是一个寓意非常深刻具有多维解释空间的示例。显示出我们党和政府自新民主主义革命时期开始的民主化、扁平化管理体制和观念与民俗的奇妙融合。习近平总书记形象而巧妙地以一个

（接上页）活世界中的"真实"——西村农民土地改革时期社会生活的记忆》，载杨念群主编：《空间·记忆·社会转型："新社会史"研究论文精选集》，上海人民出版社2001年版，第467页以下。

　　〔1〕［法］米歇尔·福柯：《词与物——人文科学考古学》，莫伟民译，上海三联书店2001年版，前言6页。

　　〔2〕董玉节：《"金扁担"蕴含硬道理》，载《人民日报》2020年6月1日。

耳熟能详的民间传统幽默故事，让党的群众路线获得时间和空间范围最大化的延伸。习近平总书记和乡亲们共同处身于一个文化符号体系及其情境再生机制中。这个文化符号及其情境化适用并非仅仅基于儒家圣贤学说、系统化宗教理论和主流的学术化观点之上，而是更多自民众"生活世界"中产生，既有乡村日常生活写照，又有对国家运行和行政管理的认知与想象。和主流文化以及国家行政管理结构系统相互模仿，以生活和劳作中具体器物和符号为载体。[1]不同时空下的主体认知和意义之流汇聚其上、交织互释，然后又向其他事物投射，从而形成有着共享原型和深层解释结构的象征性符号，并最终成为黏合社会的基因和深层文化密码。这表明通常认为没有政治文化的乡村，其实有着精妙深沉的政治文化。它是关联到整个国家政治系统态势与走向的决定性因素，是国家和社会的生长基因之一，是当前国家治理成功与否的关键一环。从这个角度，我们试着提出一个马克思主义视角下，新乡贤参与乡村基层社会治理法治化的进路。

第二节　大众民俗、民间文化的产生与中介功能

"金扁担"的故事以诙谐的方式表达了深刻的寓意。它具有民间文化的显著特征。即集体创作、口口相传，虽无从辨析首创者是谁以及原初涵义是什么，但大家对其内容和意旨却心领神会。作为故事，它虽然体现出乡村民众基于自身条件而难以摆脱的认知局限性，但从认识论的角度来说这是一种必然。人

---

〔1〕　在涂尔干看来，一方面"集体情感只有把自己和外界对象结合起来，才能意识到自身的存在，它们不可能不汲取其他事物的某些特征；由此，集体情感获得了某种物质性"。另一方面，集体情感"只有当它们被按照人类的形式被构想时，才似乎具有人类的特性"。参见［法］爱弥尔·涂尔干：《宗教生活的基本形式》，渠敬东、汲喆译，上海人民出版社1999年版，第552~553页。

类认知过程中隐喻、类比和演绎推理是交织在一起的，彻底摆脱这种"金扁担思维"是不可能的。"金扁担思维"似乎预示了普通民众认知上的局限性。但仔细分析却发现它提供了一条新的认知途径，以具身想象和形象化概念分类进行隐喻、转喻和类推，以此进行说理和解释。这种方法在抽象的精神文化领域尤为常见。在传统中国乡村社会，从思想传播到社会构成，无处不体现"金扁担思维"的核心性作用。通过"金扁担思维"，乡村民众在主流思想文化之外形成了自身的习俗、民间文化。这种独特的习俗和民间文化是我们在新时期建设具有中国特色社会主义乡村治理体系时不可或缺的宝贵财富。如何挖掘和利用，在很大程度上影响到乡村基层社会治理的成效如何。

　　仓廪足而后才能知礼仪。恶劣的生存环境，使得近代以前乡村实施的乡约宣讲体系并没有取得希望达到的效果，[1]但意想不到却带来另外一个副产品，其等级式官僚体系设置、运行机制、社会效果却成为民间文化和大众习俗的模板，投射到民间习俗仪式和组织安排、神灵类型与地位排序当中。[2]神灵是官僚体系中的神界官员，地方性神灵崇拜体系看起来就是一个个翻版的各级官僚体系。乡村民众深层心灵秩序和宇宙图景还需要权力关系来塑造。[3]不过，地方崇拜"有着其自己的神话

---

〔1〕　参见萧公权：《中国乡村：论19世纪的帝国控制》，张皓、张升译，联经出版事业股份有限公司2014年版，第229~236页。

〔2〕　参见［美］Arthur P. Wolf：《神·鬼和祖先》，张珣译，载《思与言》1997年第3期；［美］韩明士：《道与庶道：宋代以来的道教、民间信仰和神灵模式》，皮庆生译，江苏人民出版社2007年版，第5页。

〔3〕　如葛兰言所述"在各朝开国之初以及开明君主统治时期都进行过数次革新，他们把皇帝的宗教权威加以神圣化……在封建帝国统治时期，既可以尊崇神，还可以革新神；神在国家宗教中只不过是普通官员而已。真神乃是皇帝。他一个人的意愿就可以决定所有人神的命运"。［法］葛兰言：《中国人的宗教信仰》，程门译，贵州人民出版社2010年版，第101~102页。

与历史，有着相对于国家的神话和行政以及集体式政府制度的自主性"。[1]相比较国家政权单一性权力来源，地方崇拜可以由历史权威、神物权威和仪式权威综合组成和定位，以此形成自己相对独立的文化信仰空间，和世俗国家若即若离，[2]传统的这些地方文化为集体性心灵构想产物。主流文化即使被民间文化自觉模仿，实现其想要达到的对基层乡村社会的引领，但是在具体阶层和空间场域作用下，无论有多么坚硬的内核，都会被缓慢地融化，超出简单的模仿成为能够黏合国家与民间的习俗化传统，变成官方必须认真对待的社会事实。[3]民众以主流的道德标准、官方政治话语之外的大众宗教和文化如看风水、看相、算命、禁忌、神话、民间故事来表达其希望、想象、恐惧，[4]以民间文化的形式重新翻译政治和知识精英努力向乡村传播的皇权意识以及儒家学说。在这个重新翻译和解读的过程中，其模板不仅限于世俗权力模式，由鬼魅神魔形成的幽冥世

---

〔1〕 ［美］王斯福：《帝国的隐喻：中国民间宗教》，赵旭东译，江苏人民出版社 2008 年版，序言第 6 页。

〔2〕 参见简瑛欣：《祖庙在台湾：台湾民间信仰神明祖庙的权威来源与正统性》，载思想委员会编著：《宗教的现代变貌》，联经出版事业股份有限公司 2016 年版，第 191～209 页。

〔3〕 ［美］保罗·拉比诺：《表征就是社会事实：人类学中的现代性和后现代性》，载［美］詹姆斯·克利福德、乔治·E. 马库斯编：《写文化——民族志的诗学与政治学》，高丙中等译，商务印书馆 2006 年版，第 285～314 页。

〔4〕 法国汉学家侯思孟认为"直到公元 4 世纪末，南朝民歌以前，中国传统文学绝大多用了道德和政治题材，而乐府民歌对现实生活享乐主义态度的出现，则改变了中国文学的固有传统"。但紧接其后，侯思孟说道"只有将这些并非关涉道德与政治题材的民歌的作者说成是处于政治生活中心的人，这些不事粉饰的民间爱情诗歌才有可能赢得统治阶层的重视"。［法］侯思孟：《民歌与贵族》，张辉、马纯译，载［法］龙巴尔、李学勤主编：《法国汉学》（第 1 辑），清华大学出版社 1996 年版，第 205 页。

界也能成为现实中政治法律制度的摹本。[1]当然，基于道德、知识、金钱等因素而产生的其他权威关系也可能成为模板。当多维权威模式之间不可避免地形成竞争时，因为可以自由比较和选择，信仰崇拜之中逐渐渗入理性计算与现实考量，人和神祇之间的关系变成了"保护者—顾客"关系。[2]不同行业、时间、地点中有着各种各样神祇可供人们选择，人们可以自由地信仰或放弃，近代以前，任何一种宗教或理论学说都没有在中国社会取得根本性的胜利，如果有的话，那就是这种看起来博杂散漫、实用性和功利主义的大众宗教与文化。[3]这种大众宗教与文化的本质是以一套符合乡村民众智识水平和日常生活的符号，器物、象征体系构建出来的意义系统。政治命令和官方学说需经过其翻译和过滤方能影响乡村社会；乡村生活世界中的诸多现象在其中也能找到原型和代码。这是一个"社会体系与宗教体系之间的'相互定义'与'相互再生产'"机制。[4]就像骨与肉之间的筋膜，既连接起血肉和骨骼又避免了直接冲撞，机体因此获得了健康与活力。

在传统社会中，大众民俗和民间文化一起界定了"民间"的边界和本质。它们"在过去上千年间适合于绝大多数中国人的经济状况……为行为者提供了最大限度的生存机会"。并且"在基本的价值方面，诸如正义、公平、平等和运气等我们称作

---

〔1〕 参见陈登武：《从人间世到幽冥界：唐代的法制、社会与国家》，五南图书出版有限责任公司2006年版，第307~362页。

〔2〕 ［美］韩明士：《道与庶道：宋代以来的道教、民间信仰和神灵模式》，皮庆生译，江苏人民出版社2007年版，第6页。

〔3〕 ［美］杨庆堃：《中国社会中的宗教：宗教的现代社会功能与其历史因素之研究》，范丽珠等译，上海人民出版社2007年版，第270~274、306~307页。

〔4〕 ［美］焦大卫：《神·鬼·祖先：一个台湾乡村的民间信仰》，丁仁杰译，联经出版事业股份有限公司2012年版，导言第15页。

信仰的东西也同时存在"。[1]传统中国本质上是一个文化共同体。文化有雅文化（主流文化）和俗文化（民间文化）之分。随着大众宗教和民间文化的积淀传播状况以及生存环境的时好时坏，主流文化和民间文化之间始终保持着或松或紧的张力与竞争。[2]这种主流文化和民间文化之间的张力也是社会性的关系状态。从政治角度来看是"官方社会"，从社会角度来看是"乡土社会"。这两种社会形态既非对立也非等同，在同一时空范围内并存，有分歧与异见，也有合作与支持。但在没有中间阶层、个体化小农、较低的国家动员和整合能力等因素下，"官方社会"与"乡土社会"之间的联系往往非常脆弱。所以，能否找到一头挑起"官方社会"，一头挑起"乡土社会"的"金扁担"就关乎民族与国家未来的全面健康发展。

第三节　场域中的思想文化构建

理想化的思想文化及其制度设计最终还是需要具体情境来检验，所以，双向弥合措施最终还是要化简为自下而上的单向措施。乡村社会是一个由自身特有的意义、价值、行为方式所编织出的文化网络。在乡村社会中进行国家政权建设需要放在多元"权力的文化网络"[3]中进行。但是这需要依托一种全新

---

〔1〕　[法] 劳格文：《中国宗教的合理性》，范丽珠译，载《法国汉学》丛书编辑委员会编：《法国汉学》（第4辑），中华书局1999年版，第339页。

〔2〕　通过对六朝和唐代小说以及宋初编成的《太平广记》中的传说记载的研究，法国汉学家乐维论述了官员和神灵之间是如何在祭祀、节庆仪式、宗教事务管理等基层公共空间和公共事务中来竞争以获取权威性的。参见 [法] 乐维：《官吏与神灵：六朝及唐代小说中官吏与神灵之争》，张立方译，载《法国汉学》丛书编辑委员会编：《法国汉学》（第3辑），清华大学出版社1998年版，第32~55页。

〔3〕　[美] 杜赞奇：《文化、权力与国家：1900-1942年的华北农村》，王福明译，江苏人民出版社2010年版，第5页。

的伦理道德体系，所以，大多数情况下这些职能的行使需要借助于乡土社会中的人情和习俗，需要嵌入乡村社会中的文化网络，进行系统性互动与融合以后才能接近预设目的，有的时候还会不知不觉地被修改甚至同化。[1]例如，乡村基层社会中的文化及其行为逻辑秉持的费孝通先生所说的"差序格局"。由差序格局产生的就是各种内外有别的圈子。内与外的划分的标准多种多样且应时应势而变。[2]这种内外有别的做法已经成为国人行动的基因和构建社会关系的"概念图示"。

内与外的构建需要从内至外的一个原点。我们大致将其分为三类：

1. 以皇帝为原点划分的内与外

近代以来，国内外社会科学家们在研究政治秩序形成和国家本质等问题时，多采用民族—国家范式。该范式是西方社会历史发展的理论总结。但未必适合中国社会历史事实。[3]对于近代以前的中国来讲，政治秩序形成和国家本质等问题是建立在"天下"这个概念上的。一说起"天下"，似乎就意味着至大无边、无分内外。其实不然。天下的丰富内涵需要通过自我/他者、内/外、朝/野、华/夷、中国/四方等一系列区分才能凸显出来。通过"天下"，最宏大最基本的政治秩序和政治想象得以

---

〔1〕　参见李书磊：《村落中的"国家"——文化变迁中的乡村学校》，浙江人民出版社1999年版，第5、59~60页。

〔2〕　在乡里，一个村子出来的就是划分"自己人"的标准；在县城里，一个乡镇的人就是老乡；直至在国外，大家都是中国人的话，立马觉得找到自己人的圈子了。总之不管在哪，都要迅速地划分确定出不同范围层次的社会关系网络。除了地域以外，同学、同事，甚至同姓（即中国人常说的"五百年前是一家"）都有可能成为区别内外、亲疏远近的理由。如果实在找不出来任何线索能够辨识你我，那就马上划清界限，因为不是自己人，而"非我族类，其心必异"。

〔3〕　所以，杜赞奇希望在近代中国历史社会的研究中，抛弃线性历史观，把握复线多元的中国社会历史脉络。提出"从民族国家拯救历史"。

建立起来，并以朝贡、礼仪、修建长城、海禁等方法来维持和巩固。

2. 以君子为原点划分的内与外

"天下"既定，内与外的区别在此框架内继续下行进行。接着碰到的是以儒家学者为核心的知识分子群体。在儒家学者看来，整个世界秩序是一个沿着伦理维度进行的人生和政治拓展，即修身—齐家—治国—平天下。但不论是"修、齐、治、平"哪一个阶段，都是以自身为原点向外进行的扩张。最理想的状态是内外一致，能以此身（生）治天下，是儒家知识分子人生最高理想。现代知识分子是否已经完全摆脱了儒家学者的人生规划模式的影响了呢？可能也未必如此。

3. 以老百姓为原点划分的内与外

老百姓虽然没有儒家学者那样的系统化理论，但在社会关系建构与认知过程中同样也是以自己为中心进行一圈一圈波浪式的关系构建。即"每一个网络有个'己'作为中心"。由此形成中国社会关系中独特的"差序格局"。[1]在宗族谱系中，通过父系血缘追溯至同一祖先，然后再沿着这一血统进行波纹扩散式的族群构建。在基层社会中，通过基层市场——中间市场——中心市场这样的逐级递推，每个农民架起以自己所居住村庄为原点、半径大小不等的空间经济体系和社会关系网络。[2]不同节点上的市场分别代表了不同的内外区别。费孝通先生曾经举过一个例子：相邻而居的农民各自有可交换的产品，但是很奇怪，他们非要走上十多里地到集市上交易而不是就地买卖。原因很简单，因为只有到了集市上，大家才能够把村庄里的内在

---

〔1〕 费孝通：《乡土中国》，生活·读书·新知三联书店1985年版，第26页。
〔2〕 ［美］施坚雅：《中国农村的市场和社会结构》，史建云、徐秀丽译，中国社会科学出版社1998年版，第5~11页。

关系转换成外部关系。只有这样才好意思当场财货两清。[1]

　　关于以上三种以不同主体为原点进行的内外甄别与延展，还有两个问题需要讨论：一是这三种主体的内外甄别相互之间有无重合与差异？如果有，分别会产生什么样的后果？二是这种内外甄别状况有没有受到现代社会巨变的经济社会文化因素的影响？

　　首先，由于儒家学说的入世性和政治化意愿，皇帝和儒生群体之间关于内与外的认知具有高度契合性。麻烦的是，这种权力与知识的结合群体和普通老百姓之间的内外认知有差异。表现为城市与乡村之间的隔膜、行政管理实施困难、宗族对民众的控制影响、乡绅在民间的两面性地位和作用等。然而，最为关键的是，这种内外区分的差别及其相互间的碰撞没有能够求同存异，从而形成一个均质化的"法理型"社会。到了现代社会，皇帝没了，但对立和差异并没消除，民间仍然有着自己的一套知识体系和认知模式，在很多方面与国家正式制度产生差异。新中国成立以后，党和政府积极实践群众路线，以人民利益为目标，初步形成了社会主义新的文化和政治传统，从而在根本意义上改变了原来上下离心的状态，打通了从乡村基层社会到国家之间的所有脉络，近代以来真正意义上的国家和社会的融合一体至此得以完成。

　　深层次的文化体系是一整套象征和意义体系。它隐藏在器物和制度文化后面，具有极强的伸缩解释能力，也因此具有普适性。如同计算机编程过程中使用代码，根据其可以编写出很多应用程序适用于多种场合，但如果一个代码输入有误或被其他程序侵入，则会出现乱码或程序错误。这种情况下最好还是

------

[1]　费孝通：《乡土中国》，生活·读书·新知三联书店1985年版，第77页。

重新编程。同样的道理，反观乡村精神世界状况，主要有两个方面来源：一是调整内部关系的宗族观念及其制度；二是超自然的信仰体系。宗族观念以族权、父权、夫权为核心架构乡村社会基本单位，通过家国同构和遥远的皇权相呼应；以超自然的信仰体系实现官僚权力体系和神仙世界交互生成，传统乡村社会就这样依靠两个体系完成从身体、家庭、村社、国家的秩序构建。传统文化自清末已经遭遇前所未有的大挑战，但基本上是由精英群体发起并流行于社会上层。乡村社会仍然静水深流、波澜不惊。只有在遇到中国共产党领导的通过社会革命实现国家革命的大变革时，乡村社会才发生了根本性改变。

第四节 重返乡村"生活世界"

改变一个既有的社会时，一般来说是通过否定过去重建未来予以进行。但是需要注意"被否定的过去并不是全部的过去。在改变历史时，革命者不过是在恢复一个中断的线索，要么与原始历史——一面尚未歪曲自然面貌的镜子——联结；要么与保持着纯洁本真的自然本身联结。破坏是为了重建，这两个程序一旦启动，一切皆有可能"。[1]否定和肯定是辩证关系，任何一场社会更新都不可能在否定一切而形成的真空中进行，社会更新之后必然是重建，关键是与什么相联结以及在什么语境下重建。

在传统社会中，民间文化和信仰与国家行政管理机制之间二者需要的是可以共享的象征性媒介以连通国家与乡村社会。虽然中国历史上历朝历代都朝着这个方向努力，但是，只有中国共产党领导的中国社会主义革命和建设才真正完成了这个任

---

〔1〕〔法〕莫娜·奥祖夫：《革命节日》，刘北成译，商务印书馆2012年版，第55页。

务。因为只有中国共产党领导的国家和社会革命才真正进行了国家政权建设和乡村基层社会整合与建设、这项二者之间相辅相成、合二为一的伟大的社会工程。

在构建社会主义发展道路时，马克思的运思过程中有着对历史发展趋势的客观叙述（实然）和道德理由（应然）之间的相互印证和相互解释的巨大的理论和实践优势，其超越性的意旨在于最后的结论归于对道德理由的坚信。[1]所以，尽管如阿尔都塞等人坚决否定对作为科学体系的马克思主义进行道德和文化解释，但是，从微观和人性角度解读马克思主义的人道主义，马克思主义理论具有很强的解释力和说服力，在更为普遍的范围内也是如此。对于我们来说，重要的问题是，马克思主义在中国社会（尤其是乡村社会）是如何被表达和实践的？

在将头脚倒置的黑格尔哲学翻转过来后，通常的观点认为，马克思关闭了任何通向神秘不可知物的通道，实践成为马克思主义理论的核心要素。实践意味着排除任何在先的意识形态或任何先验认知前提，不断地从社会实践中求真知。这意味着马克思主义既没有原型也不需要原型，所有可能性都在于人在社会中全面自由的实现过程中。这应该是每个认真解读马克思著作的人最有可能得到的印象和结论。正如马克思所言"即使在赋予自己的著作以系统的形式的哲学家，如像斯宾诺莎那里，他的体系的实际的内部结构，同他自觉地提出来的体系，所采用的形式是完全不同的"。[2]如果我们真正践行马克思主义的话，就应该同样以这种视角反身过来解读马克思著作及其思维

---

〔1〕　例如，以经济平等为标准审视历史发展，同时又以历史发展来证成经济平等。如果现有的历史发展事实不能够证明经济平等的必然性，那就研究如何促使经济平等尽早到来。See G. A. Cohen: *Self-Ownership*, *Freedom and Equality*, Cambridge University Press, 1995, p. 6.

〔2〕　《马克思恩格斯全集》（第29卷），人民出版社1972年版，第540页。

结构。从实践的角度来讲，世界是一个实践性的意义生成过程，对于事物的理解有赖于类比以及"意义的整体"。"如果在其系谱中阅读了马克思的文本，就始终难以看出马克思对意义系统提出根本性抗议的姿势。"〔1〕例如，对于构建《资本论》逻辑起点的商品的分析，马克思说道"最初一看，商品好像是一种简单而平凡的东西。对商品的分析表明，它却是一种很古怪的东西，充满形而上学的微妙和神学的怪诞"。〔2〕揭掉蒙在商品上面的这层神秘面纱需要经历社会物质基础和生存条件长期的、艰苦的发展过程。在此之前，社会关系的理解和解释还离不开系统性文化类比。马克思之所以特别强调其学说是一种"科学"，是因为"在那个时代，真的理念被视为科学之一部分的程度如此之深，以至于一种真实的理论必须被描述为'科学'"。〔3〕但无论如何，这种"科学"不是以自然为对象的自然科学，而是以社会为对象的社会科学。任何社会科学理论都是对一个特殊具体时代的描述。作为"大体系缔造者当中最后一人"，马克思是"相信有一个合理的公式概括了人类进化的人"。〔4〕既然想把理论延伸至整个人类历史，对现实的超越，以及对未来社会的构想必不可少。当然，马克思主义是以严谨的逻辑分析配合深切的现实关照的方式开始其理论构建的，因此，这是一个合理的体系。既然马克思主义的解释和应用都离不开文化背景，那么，我们党是如何实践马克思主义的？

---

〔1〕［日］柄古行人：《马克思：其可能性的中心》，［日］中田友美译，中央编译出版社2006年版，序章第8页。

〔2〕《马克思恩格斯选集》（第2卷），人民出版社1995年版，第137页。

〔3〕［匈牙利］阿格妮丝·赫勒：《激进哲学》，赵司空、孙建茵译，黑龙江大学出版社2011年版，第127页。

〔4〕［英］罗素：《西方哲学史》（下卷），何兆武、李约瑟译，商务印书馆1963年版，第810页。

近代以前，中国古代历史上历来不乏农民对当时封建秩序等级的反抗。反抗的第一步是提出一幅新的世界图景取代旧的。大大小小的农民起义虽然因生存所迫而起，但其间不乏对新世界的向往。不过从其思想资源来看，无一能够超越世俗权力与神灵位阶互仿互构的文化及其思维模式。[1]所以，竭尽其所有认知和文化可能也摆脱不了王朝更替的循环。例如，在华南道教文化和民间信仰的脉络中产生的天地会（三合会）所创造出的"神灵救劫范式"，原本是为了在陌生人环境中制造出本来并不存在的自我认同和集体认同，但最后还是归于"频繁宣称要恢复明朝及其皇室"的路数上来。[2]外来基督教的传入似乎给这个封闭的文化系统打开了一个口子，农民起义看起来有了新的精神资源。在接触到基督教教义后，洪秀全将其对时代脉动的把握和基督教的天启与救赎黏合在一起，提出一个新宗教——太平基督教。希望建立一种"依据《圣经》教义，通过人为想象而扎根于现实的公社团体"。[3]众所周知，这次试验以失败告终。最主要的原因是他提出的是一个在传统文化脉络中无根的、全然陌生的思想和政治主张。像浮萍一样飘荡许久后，仍旧没有逃脱世俗权力与神灵位阶互仿互构的文化及其思维模式宿命。所以，在起义刚获得初步成功时，领导者们很快在神权笼罩下将其声称要葬送的世俗王朝复制出来。在知名汉学学者瓦格纳看来，无论是基于"太平基督教"因素还是中国民间宗教因素，

---

〔1〕　民间本土文化和社会结构对社会运动的影响的详细分析和描述，可参见［美］周锡瑞：《义和团运动的起源》，张俊义、王栋译，江苏人民出版社 1995 年版，第 365~368 页。

〔2〕　［荷］田海：《天地会的仪式与神话：创造认同》，李恭忠译，商务印书馆 2018 年版，第 213 页。

〔3〕　［美］史景迁：《"天国之子"和他的世俗王朝：洪秀全与太平天国》，朱庆葆等译，上海远东出版社 2001 年版，第 4 页。

太平天国运动始终塑造的是天国之路和天庭意向。[1]因此产生的现实政治结果就是"知有民族而不知有民权，知有君主而不知有民主"。[2]从乡村社会中诞生却脱离了民众基础及其实践目标的太平天国运动，最终描绘的是一幅熟悉而又陌生的怪异画面，与民众的世界图景还是格格不入。

以毛泽东同志为代表的中国共产党人把马克思主义基本原理同中国社会实际情况相结合，从而彻底地改变了这一状况。革命和建设始终是在乡村中国具体环境中进行，在坚持工人阶级领导地位的同时，以乡村民众利益为主旨，作为领导者的中国共产党是广大民众的政党，其世界图景的构想来自对现实的批判及其革命性道德实践二者之间的科学客观的结合。阿尔都塞曾说过"正是在工人阶级运动中——通过分担它的实践、它的希望和它的斗争——马克思和恩格斯的思想才从根本上改变了，成为'批判的和革命的'"。[3]同样，正是在乡村的革命与建设中——通过对乡村社会民众的引领、动员、教育——革命和建设才成为"中国的社会革命和建设"。对乡村民众的引领和道德塑造的优势在于：第一，将顶层的国家革命转换成自基层开始的深层而普遍的社会革命；第二，将马克思主义传播至广大农村，实现几千年未有过的社会革命之后，再以社会革命实现国家政治革命，把弥散的、文化意义上的国家改变成具有强有力的国家动员、整合、汲取能力的现代民族国家。从而真正实现几千年未有之大变局。民族国家的要义是对国内不同群

---

[1] Rudolf Wagner, *Reenacting the Heavenly Vision: The Role of Religon in Taiping Rebellion*, University of California Press, 1987, p.29.

[2] 《孙中山全集》（第9卷），中华书局1981年版，第270页。

[3] ［法］阿尔都塞：《今日马克思主义》，载陈越编：《哲学与政治：阿尔都塞读本》，吉林人民出版社2003年版，第251页。

体阶层的有效整合。民族国家所面对的不是简单物化的阶层，而是各有其独特想象和利益诉求的能动性群体。从最根本的意义上来说，民族国家是否建立成功，在于能否建立一幅各个阶层群体共享的世界图景，其中，首要的是国家意识形态和社会精神图景相恰与否。历史证明，中国共产党做到了这一点，而且，纵观几千年来的中国历史，只有中国共产党领导人民做到了这一点。

"马克思主义必须中国化，具体来说，在近代以来的现实情境中，较为适宜的方法是将制度问题转化为道德问题，将社会问题转化为个人问题，马克思主义才能在当时中国的广大民众中引起最大程度的共鸣，政治动员才能实现最大化。"[1]这是马克思主义中国化在革命战争年代的必然现实，并且继续成为社会主义道德文明在基层乡村社会的范式。不过，我们必须要注意的是，这种从马克思主义政治经济伦理基础上演绎过来的道德和中国传统道德——尤其是乡村社会中的道德——有一定的区别。核心的区别是：传统至今的乡村社会道德以血缘、地缘、宗法秩序为经纬编织而成的"生活世界"[2]网络为客体和唯一渊源。伦理道德规范的目标是为了维护生活世界的秩序，不以改变旧秩序和社会变革为目的，社会发展是极为缓慢的自身复制过程。社会主义道德和意识形态则是从生活世界中，把政治性和集体性要素从生活世界每个客观领域区别出来，然后以阶级划分→不正当的剥削→予以道义谴责→重构理想的新政治体这样的逻辑路径形塑并予以落实。这样一来，对于落后的生活

---

〔1〕　刘瑜：《因善之名：毛泽东时代群众动员中的道德因素》，载王奇生主编：《新史学（第七卷）：20世纪中国革命的再阐释》，中华书局2013年版，第116页。

〔2〕　"生活世界"概念最早由胡塞尔提出，意指由主体间交互构造出来的基础性意义网络。体现为自然世界和意义世界并存的多维视域，以及多种文化的互构互生状态。后经舒茨社会现象学和哈贝马斯批判社会哲学的延续和转换，已成为人文社会科学中用来全方位、批判性、多层次认知社会的一个基础性概念。

世界的其他领域或隐匿、或排斥、或同化，从而社会主义道德具体化、生活化现象体现在社会的各个方面。这个过程体系化很强、目标很清晰而且变革速度相当快。因为客观现实情况决定了必须以这种方式进行社会变革才有出路，民族和国家才能真正走向独立和富强的道路。一般而言，当一种道德体系获得国家和政府的认可和支持，而在社会中居于明显普遍性时，很容易滑向两个方向：其一，道德演变为权力；其二，道德演变为宗教信仰。在传统中国语境中，则演变成权力、道德、信仰杂糅在一起，以国家权力实施为载体、以实现政治目标为导向的政治运行机制。历史上的很多朝代可能因面对的时代问题不同而采取不同的施政方略，但是以政治为核心对道德和信仰予以排列组合却是不变的灵魂。唯独中国共产党的目标和方法与传统社会均不同。基于马克思主义立场的中国特色社会主义建设与实践是从本国客观情况出发的科学实践。新中国成立初期面对严峻的国内外局势时，统领性、核心性、组织化的治国理政方略应运而生，政治目标和道德建设紧密结合在一起贯彻实施至乡村社会。不过，新中国成立之后，当政治、道德为乡村社会编织了精神世界的网络，但出现了一些管得过多、统得过死的现象，从而束缚了社会应该具有的发展活力和发展机遇时，调整政治、道德和管理之间的关系势在必行，这时候，以改革开放为代表的实用主义政治策略就浮出水面。但是，在改革开放的一段时期中，对于改革开放的意旨被理解为，经济的归经济，政治的归政治，看起来各个领域各自有着较为快速的发展，但是，由于对经济发展以外的社会公共领域的思想道德建设没有予以足够的重视，所以，造成了经济等各领域快速发展，而道德在此过程中发展过慢。解铃还须系铃人，问题从哪里产生就从哪里解决。既然是因为对"生活世界"的遗忘而导致国家和乡村社会不合拍，那就基于生活世界的视角重新出发。

生活世界是什么？它是"一种整体生活方式"的文化。[1]也是"个体再生产要素的集合"。它可以"包含（或至少可以包含）各种态度，其中包括反思的——理论的态度。它是每一社会行动，制度和人的一般社会生活的客观基础"。[2]列维·斯特劳斯指出，社会通常具有两个方面：一是"冷社会"；二是"热社会"。所谓"冷社会"指的是具有较强连续性和稳定性，能够通过"半自动的方式消除历史因素对其平衡和连续性的影响"的社会；所谓"热社会"指的是"永不知足地追求改变"，从而"使历史过程内在化，并使其成为本身发展的推动力"的社会。[3]冷社会偏保守，热社会偏激进。两者相得益彰。陷入狂热和归于沉寂都会损害社会有机体的健康。冷热相济时，一个社会才会呈现常态化。

按照马克思主义原理，人之所以为人，本质在于能够将客观上类别化的自我转换为对象化的自我，以不断地进行反思性构建，最终达到人的全面实现和自由。[4]作为"个体再生产要素集合"的生活世界提供个体对象化构建自我的要素。但这只是一个"自在的"类本质对象化过程，还没有能力达到"为我们"的"自为"高度。在物质与精神条件相对欠缺，社会关联较弱的乡村社会中，个别化、天真烂漫的自在的类本质对象化尤其明显，所以，类比和模仿而成的宗教文化始终挥之不去，

---

〔1〕［英］雷蒙德·威廉斯：《文化与社会》，吴松江、张文定译，北京大学出版社1991年版，第410~419页。

〔2〕［匈牙利］阿格妮丝·赫勒：《激进哲学》，赵司空、孙建茵译，黑龙江大学出版社2011年版，第3页，英文版序言第4页。

〔3〕［法］克洛德·列维·斯特劳斯：《野性的思维》，李幼蒸译，中国人民大学出版社2006年版，第256页。

〔4〕《马克思恩格斯选集》（第1卷），人民出版社2012年版，第55~58页。

一有条件就如野草般蔓延。在这个阶段，重复性思维和重复性实践占主导地位，其结构和图示对于个体而言都是自在给定的，依靠惯性维持代代相传的习俗、惯例、礼仪、道德标准、教义是人们再生产社会和自身的主要方法。共同性的特征是均质化的可重复性、规则理所当然的有效性和约束力、建立符号系统、创新投入最低化的经济衡量、情境性。[1]其行为和知识的一般图示有实用主义、可能性、模仿、类比、过分一般化、单一性事例的粗略处理。[2]最充分明显地体现出这些特征和图示的就是民间文化和习俗。因为这些精神性要素，乡村社会虽然构成了一个稳定的日常生活世界，但同时却具有不能够主动的特性，所以，需要政治和政党作为社会中最为活跃的系统要素来对其进行刺激和引领。中国共产党作为先进生产力和先进文化的代表，具有最为宽广的视野，所以，完全可以担当起这个重任。当然，在此过程中要注意的是，一方面，这种刺激和引领不能是单方面的理想化设计，而是在融入民间文化基础上的引领和提升。因为习俗和一般性文化现象是和日常生活世界中的体验不同的东西，所以，在类别化自我的眼中就是"完全另类"的神圣（神秘）事物，因而在将其进行转变和改造的时候，要坚定地站在客观现实的大地上，既可以避免成为希腊神话中离开大地母亲就失去力量的巨人安泰（Antaeus），又可以避免自身被不自觉地脱离客观实际；另一方面，这也不是政治社会图景和乡村社会精神世界的简单叠加，而是在相互理解基础上的视域融合。从实践的唯物论角度来看，理解一个事物既不可能基于

---

〔1〕 参见 ［匈牙利］阿格妮丝·赫勒：《激进哲学》，赵司空、孙建茵译，黑龙江大学出版社 2011 年版，第 143~158 页。

〔2〕 参见 ［匈牙利］阿格妮丝·赫勒：《激进哲学》，赵司空、孙建茵译，黑龙江大学出版社 2011 年版，第 178~196 页。

洛克式的白板之上，也不可能是康德式的先验结构，是在个别的类型基础上通过不断的视域融合达到具体的抽象。这是一个相互理解相互建构的辩证过程。马克思主义基本原理告诉我们如何以唯物的实践不断突破自在的类本质对象化，达到自为的自由世界。这是视域融合的前提。在传统的中国古代社会中，各种提出世界图景的努力之所以失败，无一不是在否定现有精神资源后，一头撞进虚无魍魉空间所致。此时，马克思主义的类本质原理就是无尽黑暗中的灯塔。同时，依据马克思主义实践观，至大无外的普适性文化是无根的神话，文化都是具体的，当前乡村社会的整体性生活方式是我国描绘新时代世界图景的背景与底色。基于这样的背景和底色，加上马克思主义类本质原理的目标指向，以此，我们可以说找到了重建乡村社会精神世界的"金扁担"。

在厘清当前乡村基层社会的思想背景之后，重建乡村社会精神世界的"金扁担"就意味着一头要联结国家大政方针，一头要联结乡村基层社会的固有传统习俗，在此基础上将二者有机融合在一起。为此，什么样的主体采用什么样的方式方法就是接下来要详细讨论的核心问题。在笔者看来这就需要新乡贤运用其独特的地位及其文化功能来担当起这个联结任务。

传统社会以来的"皇权不下县"格局形成两级，自上而下的权力运作在县级以上构成一个相对于乡村社会广大民众而言神秘而且陌生的想象世界。县级以下则主要是依靠民众自身构建出来的相对松散的基层共同体社会。自上而下对乡村基层社会的精神文化的输入和普及的努力一直没有停止，主要是两个部分：一是政府行政管理的输入和普及；二是思想文化的精神层面的输入和普及。概因于自上而下的权力运行没能够看到生长于乡村基层"生活世界"中真实的精神文化需求，以及已经在这种需求的催生下，经过漫长的历史演化过程产生的精神文化衍生物的功能、性质及其在民众心目中的地位。但是，乡村基层社会中自生性产生的精神文化需求及其衍生物的一个特征在于，其凝聚和黏合社会共同体的能力相对于非精神性的政治制度、经济体制等而言是比较弱的，具体来说就是其动员能力和资源汲取能力不强，从而只能够在事实上维持一个松散的有限联合。所以，传统的国家权力和主流精神文化普及至乡村基层社会客观上是有必要的，国家建构在中国近代以来的正反事例已经充分说明了这一点。但是，传统社会中一直没有将行政管理和主流精神文化普及至乡村基层社会的事实，说明乡村基层社会中固有的风俗习惯、伦理道德标准等因素的价值是不能够视若无睹的。在现代的民主与法治社会时代，尤其是当前我们国家基层民主建设的迫切性更是需要我们注意这一点。总体来说，自上而下和自下而上的两方面因素及其需求都有其必然性和合法性，现在需要的就是，有没有一个比较可行的群体运用何种方法将这两方面有效结合起来。毋庸置疑，就实际情形来看，非乡贤群体莫属。乡贤群体在乡村基层社会中的地位及其功能，决定了这是一个联结和打通两个精神文化世界的不可或缺的群体。旧的乡贤都可以如此，新乡贤更是当仁不让。

新乡贤首先是"乡贤"。所谓"乡贤"，意味着是乡村社会中的"贤达"之士。而能够被称为"贤达"之士就意味着其在知识文化、伦理道德、社会见识等方面有一定的建树，从而超越于一般的乡村民众。在文化知识水平普遍不高的时代，在乡村基层社会中，乡贤事实上一直在充当着政府教化之外的知识传播、伦理道德标准的确立和维护的功能。可能正是在这种意义上，近代以前的中国传统社会之所以能够被视为一个国家的主要原因，这些乡贤所联系和维持起来的文化共同体的存在应该是主要原因之一。新乡贤在承续了旧乡贤在联结上下两级的精神文化地位和作用的同时，还发展和联结了社会主义社会核心价值观和社会主义新传统，具备了旧乡贤所不具有的新的精神文化性地位和功能。一方面，当前政府主导的、通过各种媒体进行的社会主义核心价值观的普及必不可少，我们应该义无反顾地提供主流媒体和主渠道大力弘扬社会主义核心价值观，给基层乡村社会的广大民众树立正确的社会主义核心价值观。另一方面，就是通过新乡贤的典型示范性作用。如何有效地将新乡贤的主观能动性发挥出来，利用其在乡村基层社会中的中间媒介性的优势，以基层民众便于和乐于接受的方式方法、风俗习惯、伦理道德、乡土性权威等一系列因素把社会主义核心价值观落到实处。

第四章
新乡贤参与乡村基层社会治理法治化的组织及其管理维度

当前新乡贤参与乡村基层社会治理需要分析这样一个问题：在什么样的乡村基层社会组织性架构下参与？也就是说要解决在什么样的情况下参与，参与的可能性和现实性的接入口是什么？

传统乡村基层社会是典型的松散型、以家户经营为单位的、小农经济为基础形成的社会。社会联结要素主要是自发的、有限范围内的交换经济和前述的乡间风俗习惯、伦理道德等精神性要素。国家和政府能够提供的组织和制度条件极其有限。但是，新中国成立之后，通过全方位的社会革命和社会主义政治、思想文化、经济和社会制度改造，乡村基层社会的基本组织性结构和条件已经发生了极大的变化。从行政方面来讲，每一个行政村都有村党支部和村委两套班子实行自治事务管理。从经济方面来讲，最基层的自然村中已经不同程度地设置了各种形式经济合作组织。其中，政治方面的组织化较为固定，从1949年以后至今，其形式没有实质性变化，但是，随着1978年市场经济体制改革以及农村经济体制改革的逐步深入，在集中于大力发展社会主义市场经济的语境下，基层社会的经济组织的地位和功能在各级政府的大力倡导和促进下有了突飞猛进的发展。尤其是近些年来，各级政府以抓经济、提效益为导向，充分利用、发挥乡村经济和资源条件，创新发展了各种集体经济组织形式，促进乡村振兴。一方面带动了乡村基层社会整体型社会发展，另一方面重构了乡村基层社会的治理架构。因此，我们在探讨新乡贤参与乡村基层社会治理问题时，需要从当前乡村基层社会实际上处于什么样的集体经济组织架构、组织架构当中的各种主体状况、主体之间的利益诉求与博弈等视角切入。唯有如此，才能够将新乡贤在乡村基层社会治理中的功能、地位、方法等问题讲清楚。

第一节　从"内部化"到"内生性"

乡村振兴是当务之急。围绕于此，从政府到农民集思广益，不断总结实践，采取了农民专业合作社、公司+农户、龙头企业+基地+农户、家庭农场等各种创新性集体经营组织形式，以期实现农民增收和乡村发展。但是，在实施过程中总会出现一些问题。以农民专业合作社来说，由于生产剩余有限和管理成本难以削减的矛盾，往往导致农民专业合作社存在自我抑制的要求[1]。或者因为其偏向的是单一的业务合作，从而要么出现"大农吃小农"、偏离合作目的和"去合作化"结果[2]。要么是混淆城市工商组织和合作社的方式侵吞小农利益。以公司+农户来说，现实中往往变异成公司+大户+农户[3]，或者直接变

---

〔1〕　仝志辉、温铁军：《资本和部门下乡与小农户经济的组织化道路——兼对专业合作社道路提出质疑》，载《开放时代》2009年第4期，第14页。

〔2〕　温铁军：《资本过剩与农业污染》，载《中国党政干部论坛》2013年第6期，第22页。

〔3〕　周立群、曹利群：《商品契约优于要素契约——以农业产业化经营中的契约选择为例》，载《经济研究》2002年第1期，第15页。

成了"公司替代农户"从而将农户排除在获利范围之外[1]。或者在合同的缔结和履行过程中发生投机行为,如山东寿光的"大葱风波"和莱阳的"牛蒡大战"。[2]以龙头企业+农户来说,由于其目的和方法的本末倒置,不仅妨碍其实现农业"稳定器"功能,甚至出现了一些专事骗取国家支农财政补贴的骗子企业[3]。由于存在企业内部制度和行为的外部性,以及农业经营与管理组织体系内部性等多种复杂关系结构,众多承包制小农不可能被龙头企业、专业合作社等所带动[4]。以家庭农场来说,虽然政府和学界主流都强调其在提高劳动和土地生产率方面的高效能,但其实是把"人少地多"的美国农场模式套用在"人多地少"的中国,是对美国农业的想象,因其扭曲了经济逻辑的资源配置[5],结果是"排挤了只耕种自家承包地的农户"[6],最后演变成政府想要支持小农户却适得其反。

无论是"去合作化"、农户自发地自我抑制合作,还是"公司替代农户",结果就是自上而下的政府推动和要素化市场经营方法都打不通,农民重新回到一家一户的传统小农经营模式。那么,如何构建乡村社会网络并将封闭渠道打通?新中国成立

---

〔1〕 长子中:《资本下乡需防止"公司替代农户"》,载《红旗文稿》2012年第4期,第30页。

〔2〕 一个是企业拒绝按照合同约定价格收购农户大葱的案例,另一个是农户在牛蒡价格上涨时拒绝按照合同约定价格出售给企业的案例。

〔3〕 贺雪峰:《为谁的农业现代化》,载《开放时代》2015年第5期,第36~48页。

〔4〕 熊万胜、石静梅:《企业"带动"农户的可能与限度》,载《开放时代》2011年第4期,第89页。

〔5〕 [美]黄宗智:《"家庭农场"是中国农业的发展出路吗?》,载《开放时代》2014年第2期,第176页。

〔6〕 陈义媛:《资本主义式家庭农场的兴起与农业经营主体分化的再思考——以水稻生产为例》,载《开放时代》2013年第4期,第150~152页。

后至改革开放前，一直实施由国家和政府推进整体性的集体化。由于其存在诸多弊端，现在亟需转变为内源式发展。[1]在实践集体经营组织中"当农民内部动力因素发挥作用之时，即便没有外部力量的推动，农民自身都有很强的愿望去实践农业规模经营。在此基础上，如果有行政力量和工商资本两个外在动力的辅助，农业转型自然可以水到渠成"。[2]总体来看，需要遵循三个原则"宜内不宜外、宜疏不宜堵、宜解不宜压"。解铃还须系铃人，内部化死结需从内部解开。

以上几种形式中，农民专业合作社和家庭农场看起来比较符合"内生性"标准，被认为是农户自发性的联合，可以有效避免内部化弊端。但实际上并非如此。由于过高的内部交易成本和模糊的产权归属设置，这两种联合组织不是标准意义上市场化环境中的企业。之所以能够存在和发展起来，"是与国家对它的各种扶持联系在一起的"。[3]离开国家所营造的制度性环境，其很难继续存续并推进。公司+农户和龙头企业+基地+农户离不开来自城市的工商资金注入和经营，也不是"内生性"的发展。从控制论的观点来看，以俄国学者魏特夫为代表的一些学者认为，东方传统社会国家的政权一直很强大，依靠有效率的官僚体系，加上水利社会天然的组织聚合和层级管理功能，通过乡里保甲制度等形式，国家政权在基层乡村社会取得过真正有效的治理效果。从自治论观点来看，认为中国乡村自古代到现在都受到大量族规、族权、乡规民约、本土化伦理道德规

〔1〕 郁建兴：《从行政推动到内源发展：当代中国农业农村发展的战略转型》，载《经济社会体制比较》2013年第3期，第12页。

〔2〕 陈航英：《中国农业转型及其动力机制再思考——基于皖南河镇的经验研究》，载《开放时代》2018年第3期，第91~92页。

〔3〕 熊万胜：《合作社：作为制度化进程的意外后果》，载《社会学研究》2009年第5期，第84页。

范的调整，因此有着高度的独立性和自治性。[1]其实仔细观察就可以发现，这两种观点之间争论不休的原因在于"把国家作为一开始便独立于社会之外的巨大实体来对待"。[2]这就是一种自觉或不自觉地把自己置于外在被观察者的位置的做法。都认为国家和乡村之间处于关联性不强的关系状态中。两种观点争论到现在，因为各自观点的偏颇性，谁也没有说服谁。不过，就实际来看，国家的行政管理活动虽然没有像在城市当中那么普及，但是，乡村社会的内生性秩序从来也不可能脱离村庄之外的宏观经济形势和国家治理制度体系而独自生成。[3]不仅如此，在"市场经济条件下，差序格局并没有消失，反而实现了自身的创造性转化"。[4]所以，我们应该抛弃这种国家——社会二元化的外部性、模式化的简单认知模式，从乡村社会内生性秩序形成的表现及其原因中寻找答案。

第二节 "内部化"的"外部性"根源

如果来自基层乡村社会外部的情况不利于乡村社会的发展的话，乡村社会的内部化会增强。这种内部化是前述大多数问

---

　〔1〕 当然，还存在着在两者之间走出第三条道路的做法，即把乡村社会的自治和国家的控制结合在一起重新描述乡村社会的结构和形态。如科大卫：《皇帝和祖宗：华南的国家与宗族》，卜永坚译，江苏人民出版社 2010 年版。但是，这种做法仍然没有脱离国家与乡村对立的前提，所不同的只是想进一步来弥补二者之间的裂缝。

　〔2〕 ［日］岸本美旭：《明清交替と江南社会——17 世紀中国の秩序問題》，东京大学出版会 1999 年版。

　〔3〕 贺雪峰、仝志辉：《论村庄社会关联——兼论村庄秩序的社会基础》，载《中国社会科学》2002 年第 3 期，第 124 页。

　〔4〕 详细论述可参见肖瑛：《差序格局与中国社会的现代转型》，载《探索与争鸣》2014 年第 6 期，第 48 页。曹锦清、张乐天、陈中亚：《当代浙北乡村的社会文化变迁》，上海远东出版社 2001 年版，第 36 页。

题产生的根源。之所以如此，因为一直以来，自上而下、自城市到乡村，或者出于制度安排，或者是自行演化，基层乡村往往是社会主要矛盾的最终化解场所和社会成本最终承担者。不管愿意还是不愿意，乡村都要学会以"内部化处理外部性风险"。[1]由于村级集体实际上的模糊化管理，以及乡村公共领域的欠缺，乡村中的行动主体还是个体化农民。因此，乡村的"内部化处理外部性风险"就成为农民的"内部化处理外部性风险"。

　　那么，农民是什么样性质的经营和决策主体，以及依据什么进行风险处理的？对此，学界具有代表性有"理性小农"、[2]"道义小农"[3]、结合两者而成的"综合性理性小农"[4]、"过渡

---

　　[1]　温铁军、高俊：《重构宏观经济危机"软着陆"的乡土基础》，载《探索与争鸣》2016年第4期，第4页。此处所说的"外部性风险"可从社会资源最优化配置的角度来看，如果某个企业或个体给其他的企业、个体或整个社会造成了不须付出代价的损失，那就是外部不经济，就具有外部性。

　　[2]　代表性人物有亚当·斯密、舒尔茨和波普金等。认为农民是谋求个人和家庭最大化利益的理性人，即使参与集体行动，也是出于成本和收益计算的结果。因而，乡村社会是一个松散的共同体，只是一个小农之间进行利益博弈的空间。——Popkin. Samuel. *The Rational Peasant*：*The Political Economy of Rural Society in Vietman*. Bekeley：University of California Press，1979，p. 17，[美]西奥多·W. 舒尔茨：《改造传统农业》，梁小民译，商务印书馆2006年版，第33页。

　　[3]　代表性人物有恰亚诺夫、斯科特等。主要观点是小农遵行的是生存理性而非计算理性，这种理性需要放在乡土社会具体的道义伦理、文化传统和社区理性中才能理解。参见[俄]A. 恰亚诺夫：《农民经济组织》，萧正洪译，中央编译出版社1996年版，第9、238页。[美]詹姆斯·C. 斯科特：《农民的道义经济学：东南亚的反叛与生存》，程立显等译，译林出版社2001年版，第1页。

　　[4]　代表人物有Frank Ellis、黄宗智、郭于华等。主要观点是不能从单一视角来理解小农理性，小农具有利益计算、道义践行、受剥削多重侧面以及由此而来的多种行为理性，需要在不同语境中来予以认知。具体可参见Frank Ellis, *Peasant Economics*：*Farm Households and Agrarian Development*. Cambridge University Press，1993，pp. 82~102. [美]黄宗智：《华北的小农经济与社会变迁》，中华书局1986年版，第3、6页。郭于华：《"道义经济"还是"理性小农"——重读农民学经典论题》，载《读书》2002年第5期，第104~110页。

小农"[1]、"社会化小农"[2]、"扩张化理性小农"[3]六种观点。在西方经济学理论中，理性的微观主体和宏观的经济效益是正相关的，但中国的理性小农并非如此。理性小农以家庭利益为理性计算边界，追求家庭利益最大化。从为家庭获取利益的角度来看，其行为是理性的。但是，这种理性往往以向家庭外部转嫁风险成本为代价，因而是一种个别化理性。道义小农看起来要好点，因为他在为自己和家庭获取利益时还兼顾道义考量，从而可能会把理性计算的边界向外扩展一些。但扩展范围有限，大多止步于村社范围，演化为一种"村社理性"。[4]基于完全信息下的反复博弈、价值和道德共识的路径依赖、稳定的生态环境、紧密的亲祖纽带，在村社内部虽然会形成内生性生产和治理结构。[5]但最后还是要向村社以外的公共领域转嫁风险成

---

[1] 高帆认为：从中国正处在体制转轨和结构转化同时推进的现实状况，以及"农户的生产目标、要素投入和市场条件等角度"来看，当前农户的经济性质具有从"道义小农"向"理性小农"的过渡性质"。高帆：《过渡小农：中国农户的经济性质及其政策含义》，载《学术研究》2008年第8期，第80页。

[2] 徐勇、邓大才认为：从经营规模上来看"中国农民本质上仍然属于小农，但已被卷入或融入一个高度开放的社会化体系中间，社会化水平之高史无前例"。徐勇、邓大才：《社会化小农：解释当今农户的一种视角》，载《学术月刊》2006年第7期，第5页。对于农民和农户的研究，需要从经济和社会的视角出发，建构一个"能够包含农民、村庄、社会（包含市场）、国家的分析框架"。邓大才：《社会化小农：一个尝试的分析框架——兼论中国农村研究的分析框架》，载《社会科学研究》2012年第4期，第89页。

[3] 徐勇：《农民理性的扩张："中国奇迹"的创造主体分析——对既有理论的挑战及新的分析进路的提出》，载《中国社会科学》2010年第1期，第103~118页。

[4] 有学者认为正是这种"村社理性"所具有的"内部化处理外部风险"的优势机制，从而能够化解产业资本扩张中产生的经济危机。参见何慧丽等：《政府理性与村社理性：中国的两大"比较优势"》，载《国家行政学院学报》2014年第6期，第39~44页。

[5] [美]李怀印：《华北村治——晚晴和民国时期的国家与乡村》，岁有生、王士皓译，中华书局2008年版，第79页。徐嘉鸿、贾林州：《从"村社理性"到"村社制度"：理解村庄治理逻辑变迁的一个分析框架》，载《西北农林科技大学学报

本和压力。而实际上超出村社范围的乡村公共领域基本上不存在。[1]既如此，谁来承担风险成本和压力？我们通常想到的就是国家。但国家也不可能对此全部消化，不仅如此，很多时候反过来乡村还需要承担发展工业化和城市化的成本和压力。近年来，随着国家财政支农和城市工商资本下乡等城市反哺乡村措施的推进，这种情况有所好转。但是，全部依靠国家财政支持也不可能，城市工商资本下乡更是问题重重。最终的结果是，风险成本和压力非但没有转移和释放出去，反而折回来冲击乡村社会。所以，"理性小农"和"道义小农"观点虽各自有其合理性一面，但是整体来看，还是综合性理性小农观点较为客观。因为实际上的状况是：当外部风险和压力较小且不紧迫时，农民乐于运用道义性的村社理性去应对风险和压力。但是当面对现实的急迫风险压力时，则基于个人和家庭的利益角度来行动，将风险压力拒之门外。"扩张化理性小农"观点认为长期以

（接上页）（社会科学版）》2014年第2期，第92页。渠鲲飞、左停：《乡村振兴的内源式建设路径研究——基于村社理性的视角》，载《西南大学学报（社会科学版）》2019年第1期，第55~61页。

　〔1〕　早些时候，如施坚雅所说有着超出自然村庄的以集市为原点，辐射半径十几华里的基层市场共同体。参见［美］施坚雅：《中国农村的市场和社会结构》，史建云、徐秀丽译，中国社会科学出版社1998年版，第21~40页。但是，这种基层市场共同体的功能和目的主要是满足共同体范围内农民的基本经济生活需要，功能比较单一而且联结相对比较松散，不具备产生集体行动的条件。各种乡村精英和分散的小农之间构成的依附性关系是乡村社会的主要结构。为了保持这种依附性关系，乡村精英就会尽量使小农相互间处于无关联状态，以避免形成对其统治具有竞争力的公共性领域。参见［美］J. 米格代尔：《农民、政治与革命——第三世界政治与社会变革的压力》，李玉琪、袁宁译，中央编译出版社1996年版，第27~35页。改革开放后，农民离开家乡进城务工，生活半径相较以前范围扩大许多，形成了"就业圈"和"投资圈"。参见邓大才：《"圈层理论"与社会化小农——小农社会化的路径与动力研究》，载《华中师范大学学报（人文社会科学版）》2009年第1期，第2~7页。但无论是基层市场共同体还是农民进城务工后扩大了的"就业圈"和"投资圈"，由于其功能的单一和系统的不稳定性，都形成不了公共领域。

来中国农民都是基于生存理性而行动，进入现代工商社会依然如此。不过这种理性会形成扩张态势，产生农民理性和工业社会优势结合的"叠加优势"。中国奇迹的发生很大程度上根源于此。[1] 在笔者看来，中国奇迹的发生确实和转型期农民理性及其行为转变有关。但是，由此说农民已经产生了一种新型理性的话还为时过早。因为这种理性只不过是一种扩张化的生存理性，是传统生存理性在新环境中的表现。一方面会创造出中国奇迹，另一方面迟早会遭遇瓶颈。这一点现在就已经比较明显了。即使扩张化其生存理性，但是，由于一系列主客观条件的限制，农民也很难真正融入现代工商社会。过渡小农和社会化小农的观点都是在全面和系统化社会背景基础上提出的，其核心观点认为乡村问题绝非仅仅是乡村问题，本质上是城市—乡村政治问题、国家—乡村二元结构问题，中国现代国家建构和国家全面治理问题。[2] 不仅如此，在全球化、金融化和信息化的时代，小农也不可避免地被卷入由资金、信息、新科技所架构起来的全球化大市场中。在与全球化同呼吸共命运的同时，需要对全球化风险进行判断和防范。过渡小农和社会化小农揭示出当前中国农民和农户真实的生存和发展背景，是对综合性小农的补充说明，其作用在于指明小农做出理性判断时所面对的什么样的复杂状况。

从以上分析可以看出，当前的农民理性是一种情境化的多变理性，表现为对外部复杂状况进行有选择的、综合性策略应对。这意味着大多数农民在行为时不会固守某一类规则一成不变，相反，会综合考虑当前的诸多因素并适时进行动态变化，

---

〔1〕 徐勇：《农民理性的扩张："中国奇迹"的创造主体分析——对既有理论的挑战及新的分析进路的提出》，载《中国社会科学》2010 年第 1 期，第 106 页。

〔2〕 徐勇：《非均衡的中国政治：城市与乡村比较》，中国广播电视出版社1992 年版，第 3、10~12 页。徐勇：《现代国家的建构与村民自治的成长——对中国村民自治发生与发展的一种阐释》，载《学习与探索》2006 年第 6 期。

以此为自己和家庭获取最大化利益。但是，无论其基于何种理性，都没有能力也没有意愿超越个体理性范畴去考虑社会成本最小化问题。总而言之，当政府没有承担时，风险成本和压力还是在乡村内部消化，当政府来承担风险和成本时，农民比较愿意依据村社伦理来行动，乡村共同体比较容易形成和维持。反之，就会依赖个体化理性计算来行动，从而，溢出的风险成本和压力就会像决堤的洪水在乡村社会四处蔓延，把绝大多数的共同性组织给摧毁。由此可以看出，乡村的"内部化"其实就是综合性理性小农把风险成本和压力进行外部性转嫁所致。二者是紧密关联在一起的，可以说是一体两面、互为因果，这种机制"一旦定型，进入'锁定'状态，就会形成恶性的路径依赖"。如果没有其他途径可以将风险成本和压力转嫁出去的话，这种循环会一直持续下去。20 世纪 80 年代大批农民开始自发进城务工，一时间缓解了乡村中的土地资源和人口压力。但是城市现在还没有这个能力消化如此庞大的农民工群体，多数农民工并没有真正融入城市。同时，虽然国家也一直在加大财政支农的力度，但须知其目的不是输血而是要造血，是要启动、引发乡村自身活力，而不能全部包揽。所以，乡村问题还必须要在乡村解决。也就是说，外部性成本和压力必须在乡村范围内予以内部化处理，处理的关键就在于如何化解这种外部性。[1]具体来讲

---

〔1〕　外部性（externality）也有译为外在性、外部效应。属于经济学中出现时间较短但最难以捉摸的概念之一。究其源头可以追溯至亚当·斯密，其著名的"看不见的手"理论就是对外部性产生及其解决方法的说明。后来经过剑桥学派经济学家亨利·西奇威克，以及马歇尔、庇古等人的发展成为经济学中一个重要概念。意指在现实社会中，由于边际私人纯产值和边际社会纯产值之间始终存在着差异，因此，市场机制不可能形成资源的最优化配置，私人边际成本收益和社会边际成本收益之间的不对等及其表现即为外部性。See A. C. Pigou, *Economics of Welfare*, Macmillan Press, 1920, pp. 42~56. 此外，托马斯·C. 谢林对之定义为"一个公司的行为、一个机构或者某个个人的行为的效果，发生在公司记账系统、机构视野或

就是如何化解以个体化理性小农对外部复杂状况进行有选择的、综合性策略应对状况下形成的外部性。

农村集体经济组织创新是学界的热点。经济学家从产权设计、不完全合同、委托—代理、交易成本角度；社会学家从乡村共同体关系类型及其构建方法、关系产权理论与实践、集体产权改革、小农理性变迁角度；政治学家从市场化转型与"三农"稳定性、乡村再造现实条件与路径、乡村经济转轨中国家、市场、小农关系的政治生态及其制度优化角度进行了卓有成效的研究。客观而言，目前为止代表性、有影响力的成果基本上都是这些学科学者们做出的。学者们一方面运用本学科的理论和方法从不同角度解读农村集体经济组织创新，发现了许多独特的新问题；另一方面，根据对这些新问题的分析，对既有理论进行反思并提出一些新的可以共享的理论观点，使得农村集体经济组织创新问题成为社会科学研究的富矿。

第三节　从"创新"回归"理性化博弈"

一、创新及其异化

如何把分散的小农户组织起来参与市场化经济活动，是解决农业扶贫、乡村振兴乃至国家治理的一个基础性的问题。从各级地方政府到农户集思广益，采取了农业专业合作社、公司+农户、龙头企业+基地+农户、家庭农场等创新性集体经营组织形式。但和预想的不太一样，无论采取哪一种形式，实施过程中

（接上页）个人兴趣和关系之外，但是却在别的记账视野或者个人的兴趣范围之内"。参加 ［美］托马斯·C. 谢林：《微观动机与宏观行为》，谢静、邓子梁、李天有译，中国人民大学出版社 2005 年版，第 312 页。

总是会出现一些负面问题。

首先，农业专业合作社，"合作"是其本质。在外部体现为合作社与地方政府之间建立在权利分立基础上的相互利用、相互依存关系。在内部体现为合作社内部成员之间的平等协作关系。但实际上在外部地方政府占据着绝对主导地位，合作社对其有极大的依赖性。[1]这表明一些合作社已经异化成"公司或公司+农户等其他类型的组织"。[2]

其次，公司+农户，这类组织大都有"资金下乡"背景。然而"过剩的资金大举进入农业寻找快速获取利益的机会，它不关心是否对环境和资源造成破坏"。[3]而且，由于农户和公司之间因资金、技术、信息差异形成主体地位不对称，导致农户很难参与组织的利益分配。[4]在经营过程中往往变异成公司+大户+农户，或者直接变成了"公司替代农户"从而将农户排除在获利范围之外。[5]即使参与利益分配，由于资金（公司）控制了上游和下游利益获取渠道，代管了农户所生产的农业剩余，实际上在资金和农户之间往往形成了隐蔽的雇佣关系。[6]此外，双方在合同缔结和履行过程中经常发生大量机会主义行为，如山东寿光的"大葱风波"和莱阳的"牛蒡大战"。

〔1〕　苑鹏：《中国农村市场化进程中的农民合作组织研究》，载《中国社会科学》2001年第6期，第72页。

〔2〕　邓衡山、王文烂：《合作社的本质规定与现实检视——中国到底有没有真正的农民合作社？》，载《中国农村经济》2014年第7期，第23页。

〔3〕　温铁军：《资本过剩与农业污染》，载《中国党政干部论坛》2013年第6期，第22页。

〔4〕　详见姜睿清、黄新建、谢菲：《为什么农民无法从"公司+农户"中受益》，载《中国农业大学学报（社会科学版）》2013年第3期，第43页。

〔5〕　长子中：《资本下乡需防止"公司替代农户"》，载《红旗文稿》2012年第4期，第30页。

〔6〕　陈义媛：《资本下乡：农业中的隐蔽雇佣关系与资本积累》，载《开放时代》2016年第5期，第96页。

再次，龙头企业+农户，由于其目的和方法的本末倒置，该类组织不仅会妨碍其实现农业"稳定器"功能，甚至出现了一些专事骗取国家支农财政补贴的骗子企业。[1] 而且，龙头企业在联合经营活动中往往很强势，农户在其中处于被支配地位。究其原因，在于政府没有配置相关合理的市场化监管机制及其制度体系，把市场监管的责任推给企业所致。[2] 针对这种状况，一些学者提出应该在农户和龙头企业之间引入合作社，以之降低农户和企业之间高昂的交易成本。[3] 但是，有学者认为"相较于单个农户，合作社的谈判能力比较强，有利于形成组织内部的力量均衡，维持契约关系的稳定。但是要保持这个均衡是很困难的"。[4] 因为维持该均衡的前提是企业方不仅不能强势，反而要相对弱于合作社。[5] 而事实正好相反，合作社在很多方面都弱于龙头企业。

---

〔1〕 详见贺雪峰：《为谁的农业现代化》，载《开放时代》2015年第5期，第36~48页。

〔2〕 熊万胜：《农业龙头企业为什么强势?》，载《中国老区论坛》2015年第3期，第17页。

〔3〕 周立群、曹利群：《商品契约优于要素契约——以农业产业化经营中的契约选择为例》，载《经济研究》2002年第1期；郭红东：《浙江省农业龙头企业与农户的利益机制完善与创新研究》，载《浙江社会科学》2002年第5期；蒋永穆、王学林：《我国农业产业化经营组织发展的阶段划分及其相关措施》，载《西南民族大学学报（人文社科版）》2003年第8期。

〔4〕 熊万胜、石静梅：《企业"带动"农户的可能与限度》，载《开放时代》2011年第4期，第89页。

〔5〕 在恰亚诺夫看来，"农业纵向一体化过程中合作成分的兴起与发展只是在一体化过程中某些特定阶段才是可能的。其前提条件是地方资本力量的相对软弱。这里我们特别强调'相对'一词。因为这种相对软弱既可能是由于地方企业资本家自身的绝对软弱，也可能一方面是由于农民农场本身的经济力量雄厚（例如丹麦），另一方面还可能是由于国家支持合作成分，另外还可能是巨大输出资本或工业资本需要未掺假的原料"。[俄] A.恰亚诺夫：《农民经济组织》，萧正洪译，中央编译出版社1996年版，第161页。

最后，家庭农场，虽然政府和学界主流都强调其在提高劳动和土地生产率方面的高效能，但实际上这是把"人少地多"的美国农场模式套用在"人多地少"的中国。[1]"排挤了只耕种自家承包地的农户。"[2]最后变成和原本设想相偏离的结果。此外，家庭农场（包括农民专业合作社）还存在这样一个问题。由于过高的内部交易成本和模糊的产权归属设置，这两种联合组织不是标准意义上市场化环境中的企业。之所以能够存在和发展起来，"是与国家对它的各种扶持联系在一起的"。[3]离开国家所营造的制度性环境，很难继续存续并推进。而且，国家虽然积极支持家庭农场的发展，但结果却偏离预想达到的目标。[4]

表 1

类型	问题	结果
农业专业合作社	生产剩余有限、经营俘获、管理成本难以削减、合作社包装资本下乡、对政府支持依赖性强	不合作（大农吃小农、）弱合作（农户弱势）
公司+农户	公司+大户+农户、双方机会主义、公司替代农户	不合作（农户退出）弱合作（农户弱势）

---

〔1〕［美］黄宗智：《"家庭农场"是中国农业的发展出路吗?》，载《开放时代》2014 年第 2 期，第 176 页。

〔2〕陈义媛：《资本主义式家庭农场的兴起与农业经营主体分化的再思考——以水稻生产为例》，载《开放时代》2013 年第 4 期，第 150~152 页。

〔3〕熊万胜：《合作社：作为制度化进程的意外后果》，载《社会学研究》2009 年第 5 期，第 84 页。

〔4〕存在四个方面的偏离，即"土地经营规模偏离适度原则、经营方式呈现显著的'非家庭化'态势、种植结构出现明显的'非粮化'现象、土地流转关系不稳定"。赵军洁、高强、吴天龙：《家庭农场经营行为与政府公共目标的实践偏离及政策优化》，载《经济纵横》2018 年第 2 期，第 105 页。

续表

类型	问题	结果
龙头企业+基地（合作社、中介组织）+农户	农业"稳定器"功能丧失、龙头企业强势支配、骗取支农财政补贴	弱合作（以国家利益受损为前提的脆弱联盟）弱合作（农户弱势）
家庭农场	对政府支持依赖性强、小农被排挤	不合作（小农户受损）

从表 1 所示结果来看，各种集体经济组织都不同程度上存在不合作或弱合作可能。这样一来就背离了创新发展集体经济组织的初衷。之所以要创新发展农村集体经营组织，目的就在于为分散化、原子化的小农和大市场之间架起一座桥，因地制宜，创建各种组织形式将农村资源、劳动力、城市工商资本、管理技术、销售渠道等有机结合在一起优势互补以发挥叠加效应。然而为什么会出现这么多问题？直接或间接原因可以总结出很多很多。在笔者看来，最根本的原因在于没有从主体间博弈和理性选择的角度，分析问题产生的根源并由此设计解决方案。为此，我们需要分析一下参与合作主体的都有哪些，以及这些参与者参与合作的目的与条件分别是什么？

二、创新的博弈本质

在具体的集体经济组织创新实践中，参与者主要有农户、地方政府（主要是乡镇、市县区政府）、城市工商组织这三类。

在西方经济学理论中，理性的微观主体和宏观的经济效益是正相关的。但在中国语境中往往并非如此，普遍来看，"农民在他们的经济活动中一般是精明的、讲究实效的和善于盘算的"[1]

---

〔1〕 ［美］西奥多·舒尔茨：《经济增长与农业》，郭熙保、周开年译，北京经济学院出版社 1991 年版，第 13 页。

中国农民秉持的更是一种情境化的多变理性，表现为对外部复杂状况进行有选择的、综合性策略应对。[1]这意味着大多数农民在决策时不会固守某一类规则一成不变，相反，会综合考虑当前的诸多因素并适时进行动态变化。[2]政府和农户之间有分歧但也要合作。这种关系在集体经营组织中依然存在，而且由于城市工商组织的加入而更加复杂和微妙。一方面，对政府行政化利益目标实现还是公共福祉目标实现来说，让工商组织进入集体经营组织都是一个较好选择。所以，应该促进和支持。另一方面，对于工商组织进入集体经营组织后产生一些不理想的后果需要引起重视，并积极采取有效调整措施。政府面临着多目标情境下理性选择的问题。同样，农户和城市工商组织也面临着二难选择。农户和工商组织合作的话，可能会获得较多收益，但也可能会被排挤、被剥削。工商组织进入集体经济组织的话，可能会因政府鼓励支持和农户较好合作而获益颇丰，但也可能会因政府的管理和限制和农户的机会主义而损失惨重。这样看来，每一个参与主体都面临着诸多不确定性因素。都要根据初始条件判断另外两方主体可能性的应对是什么，以此决定下一步行动策略。所以，这是一种典型的博弈关系。

虽然现实中农户、地方政府、城市工商组织之间是理性计算基础上的博弈关系，但是能否成功合作还未可知。因此，需要分析该博弈是否存在纳什均衡？如果没有纳什均衡存在的话，就完全没有继续分析下去的必要。相反，如果存在多重均衡的话，既要分析存在什么样的机制或过程使得参与者的预期达到均衡？

---

〔1〕 邓大才教授认为：当下中国小农的理性动机及其行为选择是"因'户'、因'地'、因'时'、因'需求层次''发展阶段'确定"。邓大才：《社会化小农：动机与行为》，载《华中师范大学学报（人文社会科学版）》2006 年第 3 期，第 11 页。

〔2〕 关于农民的选择，以及风险应对方式，可参考上一节论述。

第四节　集体经济组织创新中的纳什均衡

一、纳什均衡条件分析

将各个博弈参与者偏好值限定在 0~6 范围的效益量内，图 1 是其策略形式：

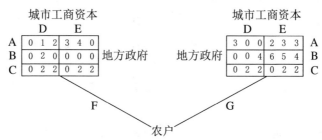

图1　农户、地方政府和城市工商资本不完全信息状态下动态博弈策略矩阵

图 1 的策略矩阵可以用树形图展开如下：

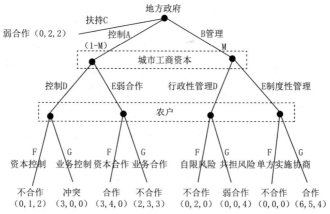

图2　农户、地方政府和城市工商资本不完全信息状态下动态博弈树形图

这种多主体的不完全信息动态博弈纳什均衡（NE），要通过子博弈完美均衡（SPE）和精炼贝叶斯—纳什均衡（PBE）是否成立而达到的序贯均衡（SE）来证立。具体演绎过程为 SE ⊆PBE ⊆SPE ⊆NE。[1]下面就按照这个序贯系列进行分析。

为了把合理的纳什均衡和不合理的纳什均衡区别开，选出在每一个信息集上都是最优的纳什均衡，首先要进行子博弈完美均衡（SPE）分析。我们采用最常见的逆向归纳法来求解。

从图 3 和图 4 中可以发现有两个纳什均衡：（CDF）和（BEG）。那么，哪一个是这里的最优化均衡？

我们从农户的策略选择开始进行逆向归纳。在博弈过程中，其信念种类有以下四种：

（1）如果地方政府选择 A，城市工商资本选择 D，那么农户将倾向于选择 F。

（2）如果地方政府选择 A，城市工商资本选择 E，那么农户将倾向于选择 G。

（3）如果地方政府选择 B，城市工商资本选择 D，那么农户将倾向于选择 G。

（4）如果地方政府选择 B，城市工商资本选择 E，那么农户将倾向于选择 G。

在可以预测到农户的行为倾向后，城市工商资本面对的博弈情境精炼如图 2 所示：

---

［1］　一般来说，一个博弈过程中可能有多个纳什均衡，孰优孰劣并没有一般性结论。而且，这些纳什均衡都是完全信息状态下的静态均衡，即在假定其他参与者的信息是确定的，且不考虑自己的选择对其他参与者的影响。所以，多个参与者之间进行的动态博弈，还需要进行子博弈（SPE）和精炼贝叶斯—纳什均衡（PBE）分析，看是否达到整体的序贯均衡（SE）。

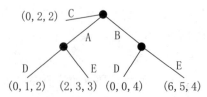

图3 城市工商资本不完全信息状态下动态博弈树形图

由图3看出，此时城市工商资本的信念种类则相对简单一些。无论地方政府的选择是什么，为了避免失败争取合作成功，理性的城市工商资本将会选择 E。

在可以预测到农户和城市工商资本的选择倾向后，地方政府面对的博弈情境精炼如图4所示：

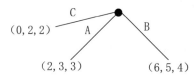

图4 地方政府不完全信息状态下动态博弈树形图

根据偏好值判断，地方政府此时的选择将会是 B。所以，初始判断中的两个纳什均衡（CDF）和（BEG），只有（BEG）才是最优化均衡。

不过，这个结果是参与者主观信念上的盖然性为真，是一种后验概率，所以，还需要通过精炼贝叶斯—纳什均衡（PBE）方法来进行后验序贯分析。

在复杂性情况下，精炼贝叶斯—纳什均衡推理可能会演绎得非常复杂，但是其基本的思想就是：后验概率 = 先验概率 × 调整因子，即：

$$p\ (A\ /\ B) = p\ (B\ /\ A)\ \times \frac{p\ (A)}{p\ (B)} \tag{1}$$

其中，A 是待确认的信念，B 是新的证据或事实，所以，p (A / B) 就是在新的证据或事实条件下 A 的概率（后验概率）；p (A) 是 A 在 B 发生之前的先验概率；p (B / A) 是给定且假定 A 为真的条件下，获得该事实证据的先验概率。

因为农户、地方政府和城市工商资本之间的博弈是多主体间复杂事件序列，决策行为的发生是一个先后继起的过程。所以，p (B) 的全概率公式为：

$$p(B) = p(A/B_1)\,p(B_1) + p(A/B_2)\,p(B_2) + \cdots + p(A/B_n)\,p\ (B_n) \tag{2}$$

待确认信念 p (A) 修正后的计算公式则为：

$$p(A/B)\,p(A) = \frac{P(B/A)\,P(A)}{p(B/A_1)\,p(A_1) + p(B/A_2)\,p(A_2) + \cdots + p(B/A_n)\,p(A_n)} = \frac{p\ (A,\ B)}{P\ (B)} \tag{3}$$

相应的贝叶斯决策公式则为：

$$p(A_i/B) = \frac{p(A_1)\,p(A/B_1)}{p(A/A_1)\,p(B_1) + p(A/A_2)\,p(B_2) + \cdots + p(A/A_n)\,p(B_n)} \tag{4}$$

设：［管理］策略为 A，［合作］为 B，［控制］策略为 -A

给定：P (A) = M，P (B) = （1-M）。农户和城市工商资本的信念估计则为：

$$p(A/B)\,p(A) = \frac{P(合作/管理)\,P(管理)}{P(合作/控制)\,P(控制) + P(合作/控制)\,P(控制) + P(合作/控制)\,P(资本和业务性控制)}$$

$$= \frac{P\ (管理,\ 合作)}{P\ (合作)} \tag{5}$$

在此前提下，决策修正估计值则为：

$$p(A_i/B) = \frac{4/5}{5/6} = \frac{0.8}{0.833} = 0.964$$

由此得出：

结论 1：在地方政府实施管理策略时，农户和城市工商资本倾向于合作，有形成纳什均衡的可能。

不过，由于不同的管理策略会产生不同的合作效应，最终合作意向是否产生还要视地方政府实施了何种管理策略而定。[1]所以，接下来分析能够产生较为理想合作效应的管理策略的性质、目的、范围、结构等问题。

二、观众、裁判员抑或运动员

（一）职能混淆

地方政府在实施管理的时候，很容易在"观众""裁判员""运动员"这几种职能中混淆。

首先我们要说的是，虽然有些地方政府一直都在积极参与创新性集体经济组织事务管理，但实际上往往却成为与之无甚关联的"观众"。地方政府是"观众"的意思是，政府自有一套评价体系及其机制，其目标和实现目标的激励措施都和其他两方主体不同。之所以会如此，是因为一些地方政府仍然秉持着行政管理主导型的行政化的管理策略。由于其过强的行政自主性导致其以取得政绩为行政目标，以职务上升迁任免为激励手段。其财政预算、系统绩效和集体经济组织的实际发展情况关联不大。既然集体经济组织发展的好坏不能成为影响政府绩效和个人升迁任免的约束因素，一些地方政府实际上就成了旁观者。因此，合作就会失败。

如果是裁判员会怎样？依据我国宪法的规定，县级以上各级

---

[1] 通过统计分析，有学者发现地方政府的指导和服务作用对农业专业合作社的成长有正向影响但效果不显著，而扶植和监管作用却显著促进了农业专业合作社的成长。黄金秋、史顺超：《地方政府作用对农民专业合作社成长影响的实证分析》，载《统计与决策》2018年第19期，第124页。

地方政府是乡村社会政治经济生活中起决定性作用的裁判者。[1]但实际上却会很轻松地演变成全能型包办型的管理者。现实中的情况是，各级政府机关在社会生活中起着全面的主导型作用，县、乡镇政府在乡村社会中行使着直接的、权威性的管理权力。毋庸置疑，这种制度体系是适应特定时代条件的产物，有其必要性的一面。但是，也有其弊端，如资源利用和劳动生产率较低等。而且，包产到户之前，基层乡村社会中磨洋工、偷盗、瞒产私分等经常发生。[2]当前的普遍性现象则表现为在面对城市工商组织和地方政府非农化情况下采取"非对抗性抵制"。[3]这证明了农民在全面性行政管理和集体利益之外，有着自己"安全第一"的道义经济学标准及其个体化的利益诉求。[4]尤其在当前市场经济所营造出的更为宽松和多元化的环境下，如果政府管理过于宽泛，农户大可以选择以脚投票。同样，面对这种过于倚重单方面行使管理权力的行政管理主导型政府，基于投资安全考虑以及较大的获利不确定性，工商组织也会选择退出。因此，合作也会失败。

　　既如此，成为运动员会怎样？随着包产到户的推进以及财税体制改革，地方政府逐渐退出对乡村各项事务的直接管理，

---

　　[1]《中华人民共和国宪法》第107条第1款规定："县级以上地方各级人民政府依照法律规定的权限，管理本行政区域内的经济、教育、科学、文化、卫生、体育事业、城乡建设事业和财政、民政、公安、民族事务、司法行政、计划生育等行政工作，发布决定和命令，任免、培训、考核和奖惩行政工作人员。"

　　[2] 高王凌：《人民公社时期中国农民"反行为"调查》，中共党史出版社2006年版，序言，第1~6页。

　　[3] 折晓叶：《合作与非对抗性抵制——弱者的"韧武器"》，载《社会学研究》2008年第3期，第8页。

　　[4] [美]詹姆斯·C. 斯科特：《农民的道义经济学：东南亚的反叛与生存》，译林出版社2001年版，第16~44页。

转而亲自上阵抓经济促发展，形成了如"地方政府发展型"〔1〕"地方政府企业型"〔2〕"地方政府竞争型"〔3〕等新的身份角色。但也因此造成一些地方政府逐渐地走向与原初设想相违的结果，对此，农户的策略自然是选择退出。城市工商组织则会选择性地与之合作。地方政府需要其参与且予以支持时二者往往会合作，反之，若对其加以限制时则选择退出。但政府选择支持或限制策略往往是以农户或工商资本一方利益受损为前提，既如此，合作往往也会失败。

由上所述，各级地方政府既不能是观众，也不能简单地扮演裁判员角色，更不能简单地扮演运动员角色。成为观众的结果是合作失败，裁判员→家长的结果就是农户不合作。所以，三方博弈如果能够进行下去，地方政府一方面需要在其中以管理者角色进行有效管理；另一方面要以参与者的角色参与博弈。如何解决这个矛盾，就成为农村集体经营组织能否成立和发展下去的关键。

对此，笔者的看法是：首先，必须在三方博弈的框架内解决矛盾，不能跳出公平博弈过程直接单方面行使行政管理权力。这是大前提，否则博弈会因另外两方的不合作而随时中断。其次，不改变地方政府在博弈过程中参与者角色和整个过程的博

〔1〕 Marc Blecher, "Developmental State, Entrepreneurial State: The Political Economy of Socialist Reform in Xinju Municipality and GuanghanCounty," in Gordon White, eds. *The Chinese State in the Era of Economic Reform: The Road to Crisis*, Houndmills Basingtoke Hampshire: Macmillan Press, pp. 279~280; 郁建兴、高翔：《地方发展型政府的行为逻辑及制度基础》，载《中国社会科学》2012年第5期，第98~101页。

〔2〕 Jean. Oi, "The Role of the Local State in China's Transitional Economy," *The China Quarterly, SpecialIssue: China's Transitional Economy*, No. 144 (Dec1995), pp. 1132~1149.

〔3〕 参见冯兴元：《地方政府竞争：理论范式、分析框架与实证研究》，译林出版社2010年版，第83~97页。

弈性质，并不意味着地方政府不可以利用博弈策略改变博弈均衡结果。相反，博弈各方通过博弈策略影响博弈均衡结果本来就是题中应有之义。如果地方政府能够运用博弈策略影响其他参与者决策行为从而达到管理目的，就可以将管理者和参与者角色合二为一。那么，什么样的博弈策略能够让地方政府既参与博弈又控制和调整博弈？

（二）身份角色的法律转化

在我们看来，采取法律措施可以实现这样的目的。我们可以做这样一个推理：假设1：没有警察必须抓小偷的法律规定，那么，社会公众、法官和警察的收益矩阵图将会如表2所示。（设各个群体的收益值在0~1之间）：

表 2

	警察	法官	公众
作为	0	0	1
不作为	1	0	0

假设2：法律明确规定警察必须抓小偷，那么，社会公众、法官和警察的收益矩阵图将会如表4所示。（设各个群体的收益值在0~1之间）

表 3

	警察	法官	公众
作为	0	1	0
不作为	0	0	1

接下来根据表2、3进行矩阵线性运算，看看在这两种假设下各个群体收益值变化情况。分两步：一是矩阵减法运算；二

是矩阵转置。

$$\begin{pmatrix} 0 & 0 & 0 \\ 1 & 0 & 0 \end{pmatrix} - \begin{pmatrix} 0 & 1 & 0 \\ 0 & 0 & 1 \end{pmatrix} = \begin{pmatrix} 0-0 & 0-1 & 1-0 \\ 1-0 & 0-0 & 0-1 \end{pmatrix} = \begin{pmatrix} 0 & -1 & 1 \\ 1 & 0 & -1 \end{pmatrix}$$

由此，得到转置矩阵

$$\begin{pmatrix} 0 & -1 & 1 \\ 1 & 0 & -1 \end{pmatrix}$$

设该矩阵为 A，然后再次转置。

$$\begin{pmatrix} 0 & -1 & 1 \\ 1 & 0 & -1 \end{pmatrix}^T = \begin{pmatrix} 0 & 1 \\ -1 & 0 \\ 1 & -1 \end{pmatrix}^T = 0$$

已知矩阵转置运算律（AT）T=A，且 A 的收益值总和是 0。同时，根据表 2 和表 3 可以发现，随着法律法规的有无，法官和警察之间的收益值呈现等值的此消彼长状态。也就是说法律既不会增加也不会减少社会总体收益值，其作用在于影响社会主体的行为预期及其收益值增减。因此，可以得出：

结论 2：依据法律管理创新性集体经济组织是地方政府最优化博弈策略。

对于结论 2 还应该继续进行分析，我们观察一下表 2 中公众收益值的变化。在没有法律规定的情况下，如果公众消极不作为（不监督），作为整体其收益值受损达到 0，如果积极作为（监督），获得收益值 1。但实际上公众积极作为时并没有获得收益值 1，因为在监督过程中公众是要付出成本的。而且超出收益值付出成本不符合理性计算，低于收益值付出成本纯属运气，所以，最终收益和成本相当。既如此，收益矩阵还有另一种可能，如表 4：

表4

	警察	法官	公众
作为	0	0	0
不作为	1	0	0

根据表3、表4，相应的矩阵线性运算则为：

$$\begin{pmatrix} 0 & 0 & 0 \\ 1 & 0 & 0 \end{pmatrix} - \begin{pmatrix} 0 & 1 & 0 \\ 0 & 0 & 1 \end{pmatrix} = \begin{pmatrix} 0-0 & 0-1 & 0-0 \\ 1-0 & 0-0 & 0-1 \end{pmatrix} = \begin{pmatrix} 0 & -1 & 0 \\ 1 & 0 & -1 \end{pmatrix}$$

矩阵转置则为：

$$\begin{pmatrix} 0 & -1 & 0 \\ 1 & 0 & -1 \end{pmatrix}^T = \begin{pmatrix} 0 & 1 \\ -1 & 0 \\ 0 & -1 \end{pmatrix}^T = -1$$

依据理性决策，–1收益值转嫁到谁头上谁就会退出博弈。所以，要使博弈得以进行下去的话，法律必须能够将这–1收益值内化。由此，可以得出：

结论3：*交易成本不为零的真实世界中，法律的作用在于内化社会交易成本、促进社会合作。*

不过，地方政府是否愿意以及能否通过法律手段来内化社会成本还有待分析。

（三）身份角色的主体转化

政府在介入创新性集体经济组织事务管理时原则上需要充足信息以保障做出正确决策。但是，它会遇到信息不对称困境，实际上不可能也不需要搜集所有信息。政府需要做的是把各方关注的集体经济组织资源进行分配，为此设计一系列的法律权利制度。法律权利制度的好处在于：一是能够实现政府对资源的控制性使用；二是以此实现资源使用的最大化效益；三是将政府在内的各方纳入制度性框架内，形成平等、竞争、合作的博弈态势。根据科斯定律，在真实世界中，当社会交易成本不为零时，产权的初始界定就变得非常重要。[1]客观地说，科斯赞同的就是政府以产权等法律制度进行干预性调整和界定。[2]而且，社会成本就是监视和强制所需的成本。[3]在一个社会中有责任且能够合法地进行监视和强制的主体一般来说是国家和政府。市场经济和民主政治环境下，国家和政府进行监视和强制的方式就是通过重构产权提供渐进式零交易成本的制度环境。[4]因此，可以得出：

结论4：地方政府对创新性集体经济组织的管理，关键就是如何对集体经济组织的法律权利进行配置和调整。

但是，在地方政府实际上也是参与博弈的一方的情况下，如何进行这种配置和调整还要进一步讨论。

对结论4的分析我们从三个方面展开：

第一从法律渊源来看：涉及的是权利（主要是产权）问题。

〔1〕 参见［美］罗纳德·哈里·科斯：《社会成本问题》，载［美］罗纳德·哈里·科斯：《企业、市场与法律》，盛洪等译，生活·读书·新知三联书店上海分店1990年版，第83、91页；巴泽尔认为"研究产权的重要性来自交易成本大于零这一事实"。［美］Y.巴泽尔：《产权的经济分析》，费方域、段毅才译，上海三联书店、上海人民出版社1997年版，第10页。

〔2〕 在科斯看来，如果交易成本存在，当事人为了解决这种外部性势必会依赖于外部的第三者力量，因此，法院和政府就会介入。虽然"直接的政府管制并不必然带来比由市场和企业更好地解决问题的结果。但同样也不能认为这种政府行政管制不会导致经济效率的提高"。正确的方法是确定政府管理、市场自由、企业自主之间"分界线应定在哪里"？［英］罗纳德·哈里·科斯：《社会成本问题》，载［美］罗纳德·哈里·科斯：《企业、市场与法律》，盛洪等译，生活·读书·新知三联书店上海分店1990年版，第94、95页；在罗伯特·C.埃里克森看来"科斯暗暗假定，政府对规则制定的职能有一种垄断"。［美］罗伯特·C.埃里克森：《无需法律的秩序——邻人如何解决纠纷》，苏力译，中国政法大学出版社2003年版，第168页。

〔3〕 Carl J. Dahlman, "The Problem of Externality", *The Journal of Law and Economics*, Vol. 22, No. 1 (Apr 1979). pp. 141~162.

〔4〕 Max Gillman, "The Problem of Social Cost：The Role of the State," *International Journal of Social Economics*, Vol. 26, No. 5 (1999), pp. 590~595.

规定此类根本性事项的法律渊源需要达到法律乃至宪法这个层次。这就决定了在这种情况下地方政府适宜作为法律适用机关，国家才是权利配置的适格主体。

第二从制度设计的角度来看：理论上都是从自利的理性主体的基点开始。地方政府身处博弈之中，想要对之进行约束的话，需要第三方监督，无论从效率还是权威性来看，比较理想化的第三方就是国家。之所以强调国家监督，就是因为集体经济组织组建和经营过程中许多问题产生的源头就是不受约束。在财税二元制改革的压力以及地方政府之间竞争的刺激下，地方政府往往会淡化其公共服务职责。其经常使用的方法就是"产权地方化"。

第三从最基础的权利，即农村集体产权的现状来看：虽然宪法上对集体经济组织的产权已经作了规定，但是受到市场不完善和主体行动能力不足等限制，[1]再加上"政府天然地拥有谈判优势与竞争能力，在权利不均衡的情况下往往具有产权模糊偏好进而模糊产权的倾向"。[2]集体资源的模糊性产权具有两面性。一方面可以为包括政府在内的各种组织和个人形成博弈空间，但另一方面也因此给博弈各方带来"鸟笼困境"。就像每个人都想成为编织鸟笼的人而非笼中之鸟一样，各个参与者都希望自己的规则成为被大家共同遵守的主导规则，以制约他人为己获利。不过有学者基于演化博弈的角度认为，在中国这样一个紧密联系从而具有各种各样关系节点的社会，群体和个人很容易发现和利用博弈中的"聚焦点（focal point）"从而产生

---

〔1〕 李稻葵：《转型经济中的模糊产权理论》，载《经济研究》1995年第4期，第42~46页。

〔2〕 罗必良：《农地产权模糊化：一个概念性框架及其解释》，载《学术研究》2011年第12期，第12页。在文中，罗必良教授还特别指出，此处所说的"政府"不同于"国家"，只是为了行文表述方便而未做区分。

"局部趋同效应"（local conformity effect），在事实上形成产权规则。[1]但是，即使在事实上形成产权规则，也不是通过法律途径形成稳定而清晰的制度环境，而是视具体情况在众多相互竞争的备选规则中选择运用的不稳定状态。这种状态虽然具有比较灵活的优点，但是也正是因为其较大的不稳定性而致使其不具备引导和规范功能。从而"导致了当前村庄内生力量无法有效整合秩序"。一方面，为了从政府获得资源、便利以及对抗其他利益群体的合法性，农民有意识地利用这种模糊产权把自己和政府绑定在一起，另一方面，因为习俗、历史、自身利益等原因，有时候集体产权又需要独立出来予以地方化。[2]能够有效调整这种矛盾的方法莫过于在政府、农户、集体经济组织之间设定合理的权利义务关系。所以，"国家法律已日益成为维护社会秩序、促进社会和谐、保障新农村建设的不可或缺的力量"。[3]

综合以上三个方面，可以得出：

结论 5：以国家为主体对创新性集体经济组织进行法律权利配置是最优选择。

---

〔1〕 曹正汉：《产权的社会建构逻辑——从博弈论的观点评中国社会学家的产权研究》，载《社会学研究》2008 年第 1 期，第 205 页。

〔2〕 对这种矛盾的详细论述，详见管兵：《农村集体产权的脱嵌治理与双重嵌入——以珠三角地区 40 年的经验为例》，载《社会学研究》2019 年第 6 期，第 164~185 页。

〔3〕 董磊明、陈柏峰、聂良波：《结构混乱与迎法下乡——河南宋村法律实践的解读》，载《中国社会科学》2008 年第 5 期，第 100 页；对于国家力量在产权构建中不可或缺的作用，有学者得出一般性结论，认为 "没有国家理论的财产权理论不是真正完整的"。See Eirik G. Furuboth and SvetozarPejovich, "Property Rights and Economic Theory: A Survey of Recent Literature", *Journal of Economic Literature*, Vol. 10, No. 4, (Dec 1972), p. 1140；在此基础上，有学者构建出权力作用下制造产权的一般性结构。See John Umbeck, "Might Makes Rights: A Theory of the Formation and Initial Distribution of Property Rights", *Ecomic Inquiry*, Vol. 19, No. 1, (Jan 1981). pp. 38~59.

第五节　"霍菲尔德状态"及其修正条件下的博弈

既然以国家为主体的法律权利配置是最优选择，那么。我们接下来就找出与之相适应的法律权利分析模式。作为经典的权利分析方法，霍菲尔德式权利分析模式因其逻辑严谨成为现代法律权利分析的一般性"范式"。同时，也因其逻辑分析的范式特征而需要进行再一次的情境对比和识别。

一、"霍菲尔德状态"的利益本质

任何一项权利都是具体的。以产权为例，有学者认为"没有一种现存的产权形式会天然地令人满意或不满意，产权"是一种从僵化到灵活性和敏感性的运动"。[1]巴泽尔认为："产权是不断产生并不断放弃的，因此需要一种适于不断变化情形的分析……人们对资产的权利（包括他们自己的和他人的）不是永久不变的，它们是他们自己直接努力加以保护、他人企图夺取和政府予以保护程度的函数。"[2]所以，从利益博弈的角度来看权利形成及其作用的话，就是一个社会中各个群体在给定的具体约束条件下博弈均衡的结果及其反映。因此，在法律上的权利配置与调整过程中引入博弈论的方法应是题中应有之义。另一方面，博弈是在具体的初始约束条件下进行的，虽然权利是一个变动不居的权利束，但是也需要放入一个初始约束条件

---

〔1〕［美］詹姆斯·A. 道、史迪夫·H. 汉科、阿兰·A. 瓦尔特斯编著：《发展经济学的革命》，黄祖辉主译，上海三联书店、上海人民出版社2000年版，第138~139页。

〔2〕［以］约拉姆·巴泽尔：《产权的经济分析》，费方域、段毅才、钱敏译，格致出版社、上海三联书店、上海人民出版社2017年版，导论第2页，正文第87页。

框架内来分析。这个分析框架要能够容纳利益博弈和法律调整两方面要求。仍以产权来说。产权一方面"不仅仅是界定谁可以使用有价值客体，谁可以控制客体的使用以及谁可以从客体中获取利益的制度安排"。另一方面"还是一种将成本施加给他人的法律能力……财产安排意味着谁拥有特权和谁没有权利；这是一种法律关系，即允许个人将一定的成本施加给他人"。所以，"在基本的法律关系范围内对各式各样的所有权进行明确的区分会使经济行为主体之间的相互依赖和干扰的性质更为突出"。[1]

霍菲尔德的法律权利分析很大程度上摆脱了私人主观性和伦理评判窠臼，进入了科学化、规范性的分析层面，从而被认为是逻辑化概念分析的典范。[2]但这同时也有意无意地忽视了其本来所具有的利益及其社会选择意涵。我们必须注意到"霍菲尔德根据一个审判法庭在裁决社会的行动准则究竟对私人利益是在帮助还是在抑制的观点，把基本的法律概念分解为八个"。[3]在霍菲尔德看来，"法律权利"这个词指向的就是"法律利益"，法律权利就是法律权益的类型，当它被所有权、利益、主张、特权、权力、豁免等具有相反（opposites）或相关（correlatives）关系的概念包围时，就表现为我们常见的法律权

---

〔1〕　［美］丹尼尔·W. 布罗姆利：《经济利益与经济制度——公共政策的理论基础》，陈郁等译，上海三联书店 2006 年版，第 245、247 页。

〔2〕　See Albert Kocourek, "Plurality of Advantage and Disadvantage in Jural Relations", *Michigan Law Review*, Vol. 19, No. 1（Nov, 1920）, pp. 47~61; Layman E. Allen, "From the Fundamental Legal Conceptions of Hohfeld to Legal Relations ; Refining the Enrichment of Solely Deontic Legal Relations," in Mark A. Brown and José Carmo, eds, *Deontic Logic*, *Agency and Normative Systems*, Springer Press, 1996, pp. 1~26.

〔3〕　［美］约翰·R. 康芒斯：《资本主义的法律基础》，寿勉成译，商务印书馆 2003 年版，第 120 页；［美］霍菲尔德：《基本法律概念》，张书友编译，中国法制出版社 2009 年版，第 28 页。

利逻辑上的结构特征。[1]但是，当我们把法律上的权利看作是一种主张、授权、资格、自由时，不能忽视其背后必然体现着某种类型的利益这一事实。[2]麦考密克把这种一般性结构特征和背后利益主张互为表里的状态称之为霍菲尔德状态（hohfeldian position）。[3]不过，在卡尔·威尔曼看来，虽然"尼尔·麦考密克已经令人信服地指出，法律权利在不同的情形下，可以得出多样的霍菲尔德状态"，但是，其所称的权利在逻辑上优先于主张、豁免、自由等要素观点则不见得正确。[4]卡尔·威尔曼认为，如果把立法上的规范性条文作为法律权利暂时性先验要素的话，对于真正理解一项法律权利来讲，更为重要的就是如何在具体情境和后果效应中辨析出其所处的状态（position）。[5]所以，霍菲尔德状态指的就是及时生成、动态化调整、和具体社会情境互型互构的法律权利建构、实施及其反馈模式。所以说，霍菲尔德状态的实质就在于，架构一个建立在利益冲突基础上

---

〔1〕　为了强调法律权利的利益本质，霍菲尔德还援引了约翰·格雷、霍姆斯大法官、菲尔德法官、约翰·威格摩尔等人对法律权利分析中形式化做法的批评，以此凸显出法律权利分析中利益本质观点的必要性和解释力。See Wesley Newcomb Hohfeld, *Fundamental Legal Conceptions*: *As Appley in Judicial Reasoning and other Legal Essays*, Yale University Press, 1919, pp. 36, 71.

〔2〕　Samuel Stoljar, *An Analysis of Rights*, London: Macmillan Press, 1984. pp. 25.

〔3〕　D. N. Maccormick, "Rights in Legislation," in P. M. S. Haker and J. Raz, eds, *Law*, *Morality*, *and Society*, Clarendon Press, 1977, pp. 200~206.

〔4〕　[美]卡尔·威尔曼:《真正的权利》，刘振宇等译，商务印书馆 2015 年版，第 10 页。

〔5〕　卡尔·威尔曼认为"严格说来，不是权利持有者的法律地位意味着相关要素隐含在所享有的权利之中；而是在法律规范中隐含着多样的法律状态，于是通过法律授予主体法律权益"。因此"任何权利的基础是其存在的理由。当且仅当有充分的根据赋予权利持有者特定的权利时，该权利才能被必然地推理为真正的权利。但是，从法哲学乃至更高的道德哲学来说，还没有貌似合理的权利基础理论使人们知道在哪里和怎样寻找需要的理由，以此来证明这个或那个声称权利的真实存在"。[美]卡尔·威尔曼:《真正的权利》，刘振宇等译，商务印书馆 2015 年版，第 12~13 页。

博弈演化和逻辑分析的法律权利分析空间。

二、修正的"霍菲尔德状态"

霍菲尔德状态的核心要素是支配，但关于支配的主体、目的及其方法是什么，霍菲尔德对此则语焉不详。[1]在威尔曼看来，该种支配不是权力的直接性支配，而是由法律赋予"享有权利的一方在特定领域的潜在冲突中支配其他一方或多方"[2]的支配。不过，在决策民主化和利益博弈市场化的环境下，如果一方享有权利从而支配另一方，就离不开第三方对侵权者实施强制惩罚这个前提。[3]因此，从权利的角度来讲，如果否认有所谓"绝对权利"和"绝对义务"存在，必然要有一个处于更高地位的第三方——国家——对各方的行为主动进行讲道理、负责任的干预。[4]巴泽尔明确断言"权力是在存在政府权威的情况下产生的"。[5]明确这一点非常重要，因为在集体经济组织

〔1〕 在霍菲尔德权利分析的八个对应性概念（权利、义务、特权、无权利、权力、责任、豁免、无权利）每一个都和支配概念有关联。但即使在和支配看起来联系最为紧密的权力、特权、权利这三个概念的解释中，我们仍然无法析出支配的主体及其方法。霍菲尔德似乎更愿意将其作为一个自明的逻辑推演前提，如果我们以实证性的态度对待它会避免意识形态干扰和价值取舍难题。

〔2〕 ［美］卡尔·威尔曼：《真正的权利》，刘振宇等译，商务印书馆 2015 年版，第 11 页。

〔3〕 See Ernst Fehr and UrsFischbacher, "Third—Party Punishment and Social Norms," *Evolution and Human Behavior*, Vol. 25, No. 2（Jan 2004），pp. 63~87；Ernst Fehr and Simon Gächter , "Cooperation and Punishment in Public goods Experiments, " *American Economic Review*, Vol. 90, No. 4（Sep 2000），pp. 980~994.

〔4〕 ［美］约翰·R. 康芒斯：《资本主义的法律基础》，寿勉成译，商务印书馆 2003 年版，第 110~111 页。

〔5〕 ［以］约拉姆·巴泽尔：《产权的经济分析》，费方域、段毅才、钱敏译，格致出版社、上海三联书店、上海人民出版社 2017 年版，第 87 页；［美］约拉姆·巴泽尔：《国家理论——经济权利、法律权利与国家范围》，钱勇、曾咏梅译，上海财经大学出版社 2006 年版，第 33~43 页。

合作博弈中，不论是农户还是城市工商组织，都没有能力依靠自身条件，通过"一报还一报"（tit for tat）、[1]"强行的可预期惩罚"（strongly credible punishment）、"胡萝卜加大棒"（stick and carrot）[2]等策略实施重复博弈。当地方政府单方面行使行政管理行为时这种状况尤其明显。所以说，我们需要对基于司法和法官裁判视角的霍菲尔德状态进行修正，以国家为主体所实施的权利配置作为其不可或缺的构成因素，形成一个公平博弈的制度化环境。

　　从霍菲尔德状态的实用主义倾向来看，最有可能产生的直接效应是个体自利性策略应对，表现为个体对法律规范的预测和相应的行为调整。但是对于社会整体福利和社会成本控制等问题则没有涉及。然而个体福利建立在社会整体福利基础上，真正有意义的问题是，如何在不使任何个体的处境变得更坏的同时增加社会福利。即能不能通过持续的帕累托改进实现帕累托最优。或者说有没有一种决策程序既满足关于个人权利自由主义式的弱假定，又符合帕累托条件。在阿玛蒂亚·森看来这是不可能的，个人偏好的一致性排序是建立在消除主观可能性判断和不确定情况下偏好的不一致性基础上的。不可能有同时满足所有社会成员偏好集合的社会规范。[3]如果有的话，它们

---

　　〔1〕　［美］罗伯特·艾克斯罗德：《对策中的制胜之道——合作的进化》，吴坚忠译，上海人民出版社 1996 年版，第 10 页。

　　〔2〕　Dilip Abreu, "External Equilibria of Obligopolistic Supergame", *Journal of Economic Theory*, Vol. 39（1986），pp. 191~225.

　　〔3〕　从理论上来看，集体经济组织中帕累托改进是实现不了的。在必要的阶段，我们必须假定利益是可预期、既定的，这是各方是否采取合作行动的前提。在利益既定时，各方都想获得更大的份额。这样一来每一种利益分配方案都是帕累托效率，从而没有哪一种方案能够实现帕累托改进。当处于这种状态下，不可能希望农户和城市工商资本放弃或改变其利益诉求。所以，唯一的方法就是政府一方进行改变和调整，从而影响其他两方。

一定是非线性的，是行为选择和偏好等级排列导向性、规范性的结果。[1]在现代社会很多情况下表现为价值多元化环境下个体法律权利通过集体性决策形成。[2]这就是"森的自由悖论"。在森的基础上，吉巴德推导出更强的"吉巴德悖论"，认为即使放弃帕累托条件，也没有哪一种决策程序能够将个体自由选择持续推进到公共福利的层面。自由主义需要的是更严格的条件。[3]这个条件就是国家权力必须在场。实际上个人权利往往通过霍布斯主义形成并以法律教义学方式实施就是例证。在诺奇克看来，阿玛蒂亚·森基于社会选择视角的个体权利论证必然会推导出的一个结论是"对个人行为和选择不断进行干涉"，[4]即国家通过赋予个体法律权利的方式在社会中进行再分配。国家在赋予个体法律权利的时候需要明白"一种对 X 的所有权的概念的核心，是决定将用 X 来做什么的权利。是在有关 X 的受约束的方案中选择哪一个来实现或尝试的权利"。[5]而不论是谁，如果对其缺乏约束就不可能有产权存在。[6]所以，赋

[1] 拓扑社会选择方法首创者蔡奇丽斯基也持有相同观点并从拓扑学角度提出解决方案。她认为匿名、连续且一致同意的个体线性偏好获取规则是没有的。想把这种个别化、简单的个体偏好表现出来的话，要通过整体模型化斜率矢量的方法。因此，这个表现过程就具有了拓扑性质，就需要由通常的欧几里德几何转换至有限拓扑空间变换。利用拓扑空间及其变换可以较好地表达和解决偏好冲突和竞争性均衡问题。See Graciela Chichilnisky, "Social Choice and the Topology of Spaces of Preferences", *Advances in Mathematics*, Vol. 37, No. 1 (1980), pp. 165~176.

[2] Amartya Sen, "The Impossibility of a Paretian Liberal, ," *Journal of Political Economy*, Vol. 78, No. 1 (Feb 1970), pp. 152~157.

[3] Allan Gibbard, "A Pareto-Consistent Libertarian Claim", *Journal of Economic Theory*, 1974 (7), pp. 388~410.

[4] [美] 罗伯特·诺奇克:《无政府、国家和乌托邦》，姚大志主译，中国社会科学出版社 2008 年版，第 171 页。

[5] [美] 罗伯特·诺奇克:《无政府、国家和乌托邦》，姚大志主译，中国社会科学出版社 2008 年版，第 175~176 页。

[6] 阿尔钦直截了当地说"如果我们把注意力集中在约束和同意的种类上，我

予或不赋予个体法律权利并非任意，是一个包括国家自身在内的普遍性的限制和选择过程。这个过程可以表现为国家权力的行使，但这已经不是直接命令他人为或不为的一阶权力，而是设定决策规则影响他人偏好的二阶权力。[1]体现为对竞争性利益纠纷的制度调整。

第六节　责任与义务的融合

一、四方拓扑博弈结构

我们先分析国家参与进来后会呈现出什么样的博弈结构。

从博弈的角度来看，即使是处于调控和惩罚地位的第三方的国家，也是参与博弈的主体之一，所实施的调控和惩罚手段也是博弈策略。所以，原来的三方博弈就转变成图5所示的四方博弈：

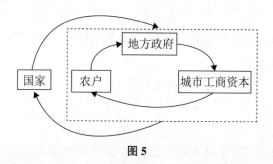

图5

（接上页）们就会发现，我们自己正在研究人类行为的产权方面"。[美] 阿曼·阿尔钦：《产权经济学》，载［美］R. 科斯等：《财产权利与制度变迁——产权学派与新制度学派译文集》，上海三联书店、上海人民出版社2003年版，第68页。

〔1〕政治学家拉克斯将其划分为"一维权力""二维权力"和"三维权力"。Steven Lukes, *Power: A Radical View*, Macmillan Press, 2005, pp. 34~35；法学家哈特将其划分为"初级规则"和"次级规则"。[英] H. L. A. 哈特：《法律的概念》，许家馨、李冠宜译，法律出版社2006年版，第77页。

在冯·诺依曼和摩根斯顿看来，在参与主体 n≤3 情况下，博弈联盟中的复杂性没有被充分表现出来。因此，"必须转向 n≥4 的情况，只有在这类情况下，联盟之间的相互影响才会表现出充分的复杂性"。[1] 这种观点在我们所讨论的问题上得到了印证。原来的三方博弈只是局部博弈，只有把国家纳入进来构成一个完整博弈，才能看出问题复杂性的根源所在。因而，提出的解决方案也更为有效。

n 多人博弈的基础是二人博弈（n＝2）。二人博弈是更复杂博弈的一个组成部分，"作为一种简单化模式，能够为很多学术研究在假设推论时带来很好的效果"。[2] 所以，无论再多人参与博弈，还是要从两两相对开始，然后再扩展到相关其他人。据此，设集合 I＝（1、2、3、4），1＝国家、2＝农户、3＝地方政府、4＝城市工商资本。则集合 I＝（1、2、3、4）的全部子集有六个：

（1、2）、（1、3）、（1、4）、（2、3）、（2、4）、（3、4）。

稍微观察不难发现，这六个子集中的每一个都和另外一个互为补集：

（1、2）∪（3、4）＝（1、2、3、4）

（1、3）∪（2、4）＝（1、2、3、4）

（1、4）∪（2、3）＝（1、2、3、4）

这说明四方主体在博弈过程中会从六个子集合并而成的三个集合中获得子博弈均衡。当然，博弈也有可能会失败，因此三维交汇的三个正方形分别具有对应的另外三个正方形。这样

---

〔1〕 ［美］冯·诺依曼、摩根斯顿：《博弈论与经济行为》（上册），王文玉、王宇译，生活·读书·新知三联书店 2004 年版，第 442 页。

〔2〕 Alvin E. Roth, *Axiomatic Models of Bargaining*, Springer-Verlag, 1979, Perface. p. 1.

一来，四方主体在可能达至的三个子博弈均衡基础上的重复博弈会构成一个六面正方体。每个四方子博弈均衡的结果用其所在平面上的一个点来表示，[1]三个子博弈及其相对面最终会交汇于∑点。如图 6 所示立方体空间：[2]

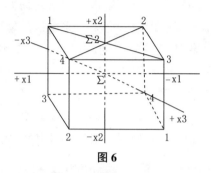

图 6

通常∑点的数值在−1 和 1 之间（−1≤∑≤1）。[3]∑=±1时，博弈就以平面化的形式出现。

图 6 的立方体是一个拓扑空间图形。[4]因此，我们可以通过拓扑空间结构分析理性选择主体的偏好值序数，以解决著名

〔1〕 为了使图形简洁可视，仅在集合（1、2、3、4）所形成的平面中通过子集（1、2）、（1、3）、（1、4）、（2、3）、（3、4）两两相对标示出结合点∑2 作为示例。

〔2〕 图 6 是在参考冯·诺依曼、摩根斯顿：《博弈论与经济行为》（上册）第七章图 6 基础上形成的。参见 ［美］冯·诺依曼、摩根斯顿：《博弈论与经济行为》（上册），王文玉、王宇译，生活·读书·新知三联书店 2004 年版，第 446 页。

〔3〕 如果四方力量绝对平衡的话，∑点就位于正方形立方体正中心（∑=0）。如果各力量不均衡的话，∑点就会处于立方体中某个位置上。

〔4〕 当我们引入集合论方法后，必然会延伸至拓扑学和拓扑空间分析。在一般拓扑学中，集合论和拓扑学几乎难以区分。"拓扑学中最基本的内容是点集拓扑学，点集拓扑学主要建立在集合论的基础上。"李进金、李克典、林寿编著：《基础拓扑学导引》，科学出版社 2009 年版，第 1 页。而且，数学家对何谓拓扑空间也给出了明确的定义及其条件。对照这些定义和条件，即可判定图 5 的拓扑空间性质。参见 ［日］儿玉之宏、永见启应：《拓扑空间论》，方嘉琳译，科学出版社 2001 年版，第 12 页。

的"孔多塞悖论"。[1]图 6 中互逆且不被隔断的同坯空间之间具有不变量或不变性质。这也就意味着三个子博弈可以相继延展以分析其中具有什么样的不变量或不变性质。理论上∑点（拓扑不动点）因此可以获得确切坐标值。[2]不过我们没有必要将每一个子集两两相对并不断翻转以获取最终博弈结果。这样的做法在现实中不大可能也没有必要。完全信息博弈在小范围内可以，但是在如集体经济组织创新这样一个多主体、大范围、多因素交互作用的复杂系统中是实现不了的。这样做不仅没有效率，而且成本会大到足以让每一个理性计算主体选择退出。所以我们只需要分析一个有限元素集合及其对立集合之间的关系结构就可以确定∑点的位置。根据拓扑映射规则，图 6 转换

---

〔1〕 See Graciela Chichilnisky, Social Choice and the Topology of Spaces of Prefer-ences, pp. 165~176.

〔2〕 可以用子集（1、4）的形态变换和性质来说明，从图 6 可以看出，首先，要放在由子集（1、2）、（2、3）、（3、4）、（4、1）所组成的集合（1、2、3、4）中来看，其次，经过集合（1、2、3、4）→（2、4、1、3）→（4、3、2、1）→（3、1、4、2）三次翻转后，子集（1、4）自身重合。但这已经不是简单复制，这是在各个子集两两相对不断排列组合基础上形成的。从博弈的角度来讲是将每个主体两两相对排列组合逐级博弈后形成最终决议的过程。而且，这样的过程还需要从另外两个维度再分别进行一次，由此形成一个三维坐标。∑点在此三维坐标内能够被确定的话，就意味着四方博弈的纳什均衡被找到了。不过在此需要注意两点：（1）我们不可能借由这种坐标的定位计算出∑点精确的数值，因为四方博弈的绝大多数初始条件都是不可能被量化的。因此，∑点将显示为四方主体在既定规则和要素条件下的博弈优化结构。具体在本文中就体现为四方主体各种资源禀赋、制度前提、理性选择结果博弈而成的规则结构体系。换句话说，求取∑点精确的坐标值既不可能也没必要。真正可能且必要的是分析∑点得以产生、移动、变换的要素及其结构。（2）从图 6 可以看到，∑点非常敏感，任何一点变化都会让其偏离中心点在立方体内游动，当反作用于主体时博弈将会呈现平面化特征（∑ = ±1）。所以，尽可能将各种博弈初始条件稳定和明确化就很有必要。但是正如前面所说，绝大多数初始条件不可能被量化同时也说明将其稳定和明确化也很难。而其中能够予以稳定和明确化的初始条件莫过于国家制定实施的法律法规。因此，如何配置与调整四方主体之间法律权利义务关系（尤其是作为权力拥有者的国家和地方政府和其他主体之间的权利义务关系）就成为博弈均衡的关键因素。

成图 7，二者是拓扑等价图形：〔1〕

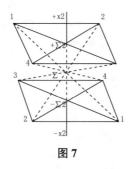

图 7

从图 7 可以看到，$\sum$点位于$+\sum 2$ 和$-\sum 2$ 之间（$-\sum 2 \leqslant \sum \leqslant +\sum 2$）。我们可以从分析集合 I 中六个子集相关以及相反关系中确定$\sum$点的位置和结构。

二、权利逻辑分析与拓扑同坯映射的同质性

与此相同的是，按照霍菲尔德的方法，对各种法律关系的

---

〔1〕 将一个集合中的元素放置到另一个集合中，只要相互协调一致，其所遵循的任意一个规则都可以称为映射。但是要符合以下三个条件：①过程是一对一，且只能是一对一。②过程是连续的。③过程是可逆的。参见［美］斯蒂芬·巴尔：《拓扑试验》，许明译，上海教育出版社 2002 年版，第 133 页。对比可知，集合（1、2、3、4）和集合（3、4、1、2）之间符合这三个条件的拓扑映射关系。而且图 5 中每一个子集空间都可以在图 6 中得到相应的闭子集映射，所以，集合（1、2、3、4）和集合（3、4、1、2）及其所形成的拓扑空间图 6 是图 5 拓扑空间的紧致子集。同时，依据紧致空间的无穷子集必有极限点定理，可以再次推导出$\sum$点必定存在。关于极限点定理的推论和说明，参见［英］M. A. Armstrong：《基础拓扑学》，孙以丰译，人民邮电出版社 2010 年版，第 37～39 页。其实不仅图 5 和图 6 之间是紧致子集关系，后面所示图 8 和图 9 都是从图 5 开始一步步得来的紧致子集，即图 5→图 6→图 8→图 9 这个顺序。之所以强调这一点，正如卢克·劳维斯所言，只有在拓扑紧致空间内基于不同偏好值的个体才能做出匿名、连续、一致同意的决策。See Luc Lauwers, "Topological Social Choice," *Mathematical Social Sciences*, Vol. 40, No. 2（2000），pp. 1～39.

分析同样是纳入"相反"和"相关"两类关系模式中进行的：

与此相同的是，按照霍菲尔德的方法，对各种法律关系的分析同样是纳入"相反"和"相关"两类关系模式中进行的

$$
\text{相反关系}
\begin{cases}
\text{权利} & \text{特权} & \text{权力} & \text{豁免} \\
\text{无权利} & \text{义务} & \text{无权力} & \text{无责任}
\end{cases}
$$

$$
\text{相关关系}
\begin{cases}
\text{权利} & \text{特权} & \text{权力} & \text{豁免} \\
\text{义务} & \text{无权利} & \text{责任} & \text{无权力}
\end{cases}
$$

按照刘杨教授的分析，霍菲尔德关于基本法律关系类型化分析中有未尽之处。即霍菲尔德没有说明相反和相同关系划分是在同一主体或是两个不同主体之间进行的。在他看来，霍菲尔德理论中的相关关系"被默认为是发生于两个主体之间的关系；倘若将具有相关关系的两个概念置于同一主体上考虑，则二者通常是排斥关系"。相反关系"都是在同一主体上设想该种关系，并未涉及主体间的思考。亦即，就同一内容事项，一主体不可能既有权利又无权利，既有特权又有义务……倘若将具有相反关系的两个概念置于两个主体间考量，则二者是相容关系"。[1]这是一个比较敏锐的分析视角，我们可以在此基础上再进一步推导。

根据前述对相反和相关关系的解释，我们将其概括为两句话：相反关系概念可以分开；相关关系概念不能合并。也就是说对任何法律概念的分析都应当在不同主体间进行。当相反关系概念被分开由不同主体行使时就变成相容或相关关系。意味

[1] 刘杨：《基本法律概念的构建与诠释——以权利与权力的关系为重心》，载《中国社会科学》2018年第9期，第115页。刘杨教授的分析很清晰，而且他在这篇文章中通过逻辑化推论，提出权力与权利这对概念的关系逻辑是法律权利分析的核心。扩展了法律权利分析的视域，对本书这部分的写作具有较大启发意义，特此致谢。

着根本性质上相排斥或矛盾的关系并不是霍菲尔德所要找的基本法律关系，基本法律关系最终还是要在相关关系中寻找。相反关系的提出是以逻辑否定来保证逻辑肯定的周延性。但是，这种逻辑周延性并未完成。因为对这些概念只是进行了个别化的纵向分析，没有整体性横向分析。而横向概念之间关系分析是可以而且应当予以分析的。从逻辑认知的角度，概念之间可以而且应当形成"概念空间（conceptual spaces）"。[1]在概念空间内"概念与概念之间具有一种极限的联系和连续性质，这种极限关系和连续性质形成了概念之间的拓扑空间"。[2]所以，法律关系正确的分析方法应该加上对每一列概念的横向关系分析并将其再带入相关关系中，例如，根据相反相关关系：

（1）相反关系中（权利≠无权利）

（2）相关关系中［无权利=F（特权）i+à］[3]

（3）相反关系中（特权≠义务）

综合（1）（2）（3）推导出：相关关系中（特权=无权利+义务）。[4]如图8：

<hr />

［1］　Peter Gärdenfors, *Conceptual Spaces：The Geometry of Thought*, Cambridge Massachusetts：The MIT Press, 2000, pp. 4~6.

［2］　江怡：《什么是概念的拓扑空间?》，载《世界哲学》2008年第5期，第76页。

［3］　文中所说相关关系中的等于，实质上是非线性相关关系。为了行文方便和简洁，文中以"A=B"的形式进行简化。以下均做这样处理。

［4］　按照相同的方法，还可以得出其他推论：如相关关系中（豁免=无权力+无责任），权利≠特权等。而且从权利≠无权利+义务的推论中，可以更直观地体会到权利与义务的相关性以及直接的逻辑关系。理论上来说，每一个概念都可以而且应该由其他概念以结构性组合的方式构成并解释。最终形成一个逻辑上自恰、事实解释充分完备的关系概念群。这个概念群生成以后，可以作为创制新型法律权利的标准和批判不合理权利义务的标准。从可视化、可等价推演和变换的角度来看，以拓扑学方法展示这个概念群较为适宜。

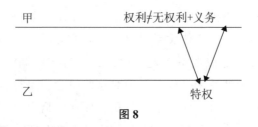

图 8

据此我们认为霍菲尔德在提出概念时，其中一部分应该是基于经验和观察，从而，概念之间可能会矛盾，整体结构可能不自恰。对此，我们仍然以霍菲尔德列出的这两组关系概念来分析。根据前面对相反和相关关系概念的分析，而且这些概念都是基于逻辑分析而提出。设相反关系＝集合 A、相关关系＝集合 B，集合 A 和集合 B 各自所包含的八个概念元已经穷尽相反关系和相关关系所有类型。二者之间的关系则为：A－B＝0。但是，当我们将两组关系概念中相同的概念约除时。这时就发现有两个概念元是消不掉的。

相反关系 $\begin{cases} \text{权利} \quad \text{特权} \quad \text{权力} \quad \text{豁免} \\ \text{无权利} \quad \text{义务} \quad \text{无权力} \quad \text{无责任} \end{cases}$

相关关系 $\begin{cases} \text{权利} \quad \text{特权} \quad \text{权力} \quad \text{豁免} \\ \text{义务} \quad \text{无权利} \quad \text{责任} \quad \text{无权力} \end{cases}$

把重复出现的概念同时划除时，只剩下责任、无责任这两个概念。这意味着不同主体之间剩下的关系是：甲负有责任，乙无责任。换句话说，霍菲尔德权利分析成立的前提是甲无条件负责任（甲无条件负责任＝乙无条件豁免＝乙的权力不证自明）。这是隐藏在其整个法律权利分析后面的"第一推动力"。

如果不对之进行法律上的限缩解释的话，[1]毋庸置疑，这个前提既不合理也不合法。所以，我们认为，如果运用霍菲尔德权利分析模式进行普适性分析，应该是将责任概念还原到多重主体和多重逻辑关联及其转换过程中进行，看看能不能呈现出图6所示的拓扑等价关系。

按照现有霍菲尔德相反相关分类，拓扑等价关系要想成立的话，需要的条件是：责任＝±无责任。按照修正后的霍菲尔德状态，拓扑等价关系成立最大可能性条件就变成了，博弈过程中地方政府在责任和无责任之间随意切换。事实上地方政府经常也是这样在操作。地方政府为什么能够这样？因为：相关关系中（责任＝权力）、相反关系中（无责任≠豁免），既然责任＝±无责任，那么，权力＝±豁免。所以，地方政府之所以能够在责任和无责任之间切换自如，在于其拥有权力并因此可以自行决定是否豁免。[2]至此，一般来说，要么取消权力、要么转换和限制权力。取消肯定不行，地方政府许多行政事务管理离不开权力行使，所以只能转换和限制。具体如何进行，我们继续分析。

（1）相反关系中（权力≠无权力、无权力≠权利），所以，相反关系中（权力≠权利）。

---

〔1〕 责任概念具有相当宽泛的含义，虽然共同使用"责任"一词，但不同主体不同领域中责任的意指会有较大差别。对此，霍菲尔德也列举了许多关于责任的看法：如责任与债务、拘束、被迫使、隶属、职责、法律上当事人与法官某项权力相关的特定形式的遵从要求等。详见 [美] 霍菲尔德：《基本法律概念》，张书友编译，中国法制出版社2009年版，第66~69页。霍菲尔德是从法官裁判的角度讨论法律权利的，所说的责任指向的是与法官权力相关的义务，没有涉及行政组织法律权利分析。但是，行政组织的责任中显然具有一些和法官权力不同的要素，不能够像霍菲尔德这样进行不言而喻的简化处理。

〔2〕 有学者认为这种基层政府避责的原因就在于"权责分立"。参见倪星、王锐：《权责分立与基层避责：一种理论解释》，载《中国社会科学》2018年第5期，第123~126页。

（2）相反关系中不相容概念放在相关关系中是相关或相容关系，所以，相关关系中（权利＝权利）。

（3）相关关系中（权利＝义务、权力＝责任），所以，相关关系中（义务＝责任）。

当我们以义务替换责任时，责任和无责任关系就转换成义务和无义务关系，即（责任＝±无责任）＝（义务＝±无义务）。由此可以得出图9：

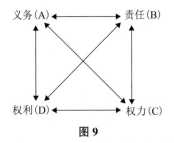

图9

设A＝义务、B＝责任、C＝权力、D＝权利。可以推导出：

已知：A＝B、B＝C、根据同一律，A＝C。

已知：A＝D、A＝C、根据同一律，D＝C。

已知：B＝C、D＝C、根据同一律，B＝D。

图9中，A＝D（义务＝权利）是法律权利分析的基本原理，B＝C（责任＝权力）是霍菲尔德给定的一对相关关系。所以，可以将其约除，得到图10：

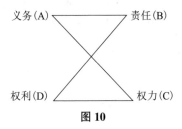

图10

　　图 10 是图 7 的拓扑等价图形。之所以如此说，因为依据拓扑学原理，平行四边形边界的四个顶点和三角形边界的三个顶点都不是拓扑不变量。所以，消除边界顶点后都同坯于没有边界顶点的圆形。同样道理，圆形又同坯于开线段。[1]如图 11 所示：[2]

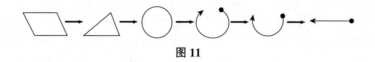

图 11

　　由图 11 推导出，图 7 中平行四边形 1234 和 3412 经过拓扑映射后同坯于对角开线段 24 和 42。首先，依据对角开线段 24 和 42 拓扑延展性质，其次，依据确定 Σ 点值域的要求，对角开线段 24 和 42 在图 7 中形成一个与图 10 完全相同的图形 2442。而且，二者之间并非仅仅是形式上等同，实质上也是同一的。根据前面所述，三方博弈中，地方政府往往在权力和责任之间随意转换，从而成为博弈中最大的变数。因此，获取三方博弈均衡的关键在于将其权力和责任转换为义务与职责。为了保证博弈进行下去，需要国家参与博弈。而国家参与的关键同样是将自身及地方政府的权力和责任转换为义务与职责。从拓扑图形的角度来看，就是三方博弈和四方博弈的均衡条件交合，四方所构成的平行四边形最终以对角线方式形成合力。这种社会冲突与发展方式在恩格斯那里被称为历史发展的平行四边形合

　　〔1〕［苏］В. Г. 波尔金斯基、В. А. 叶夫来莫维奇：《漫谈拓扑学》，高国土译，江苏科学技术出版社 1983 年版，第 6~7 页。
　　〔2〕图 10 是在波尔金斯基等著《漫谈拓扑学》一书中图 8 的基础上修改扩充而成的。［苏］В. Г. 波尔金斯基、В. А. 叶夫来莫维奇：《漫谈拓扑学》，高国士译，江苏科学技术出版社 1983 年版，第 6~7 页。

力过程。[1]将这个合力过程的所有可能性展示出来，直至不可能合作时，就呈现图10所示的结构和过程。至此，拓扑空间转换和四方权利博弈等同互转。因为这种等同互转，在现实的操作中，四方博弈的集体经济组织找到一条新的创新思路及其实践方法，即设计具体的法律制度，以保证国家和地方政府责任与义务的融合。当二者融合之后，相应地，权力就与权利相互等同。从而，四方博弈均衡最终得以形成。但是，国家和地方政府责任和义务融合是一种理想化状态，到现在为止的论证都可以说只是一种理论上的应然性证成，现实情境中还需要进行实然性分析。所以，接下来我们还需要论证通过什么样的路径能够促进国家和地方政府的责任和义务相互融合。

在当前的情况下，综合可能性条件而言，促进国家和地方政府的责任和义务融合无非两条途径：一是自上而下的、以国家和政府为主导性力量自发进行的顶层设计式的自我规范；二是自下而上的、内生性、渐进式基层民主推动的转型。第一种路径就是现在中国特色社会主义法治国家建设的主要内容及其体现。以习近平总书记一直念兹在兹的"将权力关进制度的笼子"的思想为宗旨，以法治政府建设为内容和抓手，自上而下的、以国家和政府为主导性力量自发进行的顶层设计式的自我规范现在已经进行得颇有成效。但是，这种法治政府建设无论是从目的还是效能的角度来讲，都不可能代替自下而上的、内生性、渐进式基层民主的地位和作用。所以，较为理想化的推

---

〔1〕 在致约·布洛赫的信中，恩格斯说道："历史是这样创造的：最终的结果总是从许多单个的意志的相互冲突中产生出来的，而其中每一个意志，又是由于许多特殊的生活条件，才成为它所成为的那样。这样就有无数相互交错的力量，有无数个力的平行四边形，由此就产生出一个合力，即历史结果，……"《马克思恩格斯选集》(第4卷)，人民出版社1995年版，第697页。

进路线应该是将自上而下和自下而上两种方法有机结合起来。这样一来，相对于自上而下的国家和政府自我规范而言，来自基层的推动就显得有些消极被动。尤其是乡村基层社会能不能推动国家和地方政府的责任和义务相融合？具体怎么样推动？对于这些问题，学界既有的研究基本上都是通过既有的基层组织，尤其是乡村基层社会的自治性组织为载体来探讨。如村两委在当前乡村基层社会中的实际地位、功能、社会关系网络的形成能力，以及村民自治法律法规和乡村基层社会生活世界之间的融合度等这些角度来展开的。从而无形中遮蔽了非组织化的社会群体的地位、功能和作用。所以，现在我们需要一个新的、同时也是行之有效的视角来分析组织（尤其是正式的、拥有国家公权力的）怎么样在乡村基层社会中实现责任和义务之间的相互融合。

　　既然说到了正式化组织[1]之外的社会性力量，那么，在乡村基层社会中能够有效沟通自上而下和自下而上两个方面的群体自然就是我们所说的新乡贤。此处需要说明的是，国家和地方政府的责任和义务（尤其是法律义务）之间的相互融合肯定需要来自国家和地方政府本身的自我规范和监督。但是，从法律的角度来讲，任何的自我规范和监督都不可能仅仅是被规范和监督的主体自身就能够完全完成的。都需要来自外部力量的规范和监督。那么，在乡村基层社会，外部力量有哪些？有哪些群体能够形成什么样的力量？以什么样的方式表达该群体的利益诉求？实际上的效果会是怎样？

---

　　〔1〕　虽然村两委在我国宪法和法律中明确规定并不属于正式的国家机构，但是，从社会学的角度来讲，村两委本质上也不是原生性的、自发的社会组织，村两委在实际运行过程中和基层政府组织（乡镇政府）有很紧密的关联，甚至可以说是乡镇政府的"编外机构"。所以，我们在这里在一个宽泛的意义上把乡村基层社会中的村两委也视为正式化组织。

乡村基层社会中，数量上最为庞大的是小农户。虽然现在已经不像过去一样，小农户的社会性关联已经有了很大程度上的增强与扩展，但是，这些增强和扩展主要是经济维度上而非政治和法律维度上的。除却经济上的关联之后，从政治、法律、社会的角度来看，分散化、个体化的状况并没有改变多少。因此，作为从外部对国家和地方政府进行规范和监督的主体来说，小农户并不能够胜任。而小农户不能够胜任的话，再加上前述的基层组织也不能够胜任，在乡村基层社会中，我们想到的自然是小农户中的特殊主体——新乡贤。新乡贤之所以能够担负起这个任务，原因在于：和一般的小农户相比，新乡贤所具有的知识、道德、权威等因素不是公权力的简单依附，能够和国家的公权力构成一个相辅相成、相互矫正甚至说是相互竞争的公共理性空间。因此，通过新乡贤的参与，国家和地方政府责任与义务之间的融合才能够还原至多元化理性空间内的动态博弈均衡。

第五章

新乡贤参与乡村基层社会治理法治化的
法治变迁维度

第一节　非正式社会及其运行规则

影响一个国家和民族的不仅只是政治、经济和文化领域的引领群体，还有广大的基层社会民众。传统的形成往往是主导性思想文化以及基层民众生活实践交互影响产生的结果，体现为一种"中层"的概念和行为模式体系。传统中国社会中，主导性的政治、经济和文化引领群体只在很少阶段能够有效地统治广大基层社会，基层社会很多时候是处于费孝通先生所言的"一口袋马铃薯"式的状态。其后的各级政府、知识群体都没能向民众提供可替代的精神和制度资源，民间也没有形成规范、自律的市民社会。于是，民间社会自行发展出一种看起来比较另类的和文化社会以及乡土社会有很大不同的社会联合体形式。显然，这不是通常所说的公共领域，更多符合中国人耳熟能详的所谓江湖社会，或者说是非正式社会的特征[1]。

─────────────

〔1〕　何谓"江湖社会"？于阳认为其是"儒教国家的一种老年病"之结果。儒家提倡家本位、聚族而居、多子多福，但又对技术创新和生产力的发展不感兴趣。明末清初时，这种做法导致的人口激增与资源匮乏矛盾如洪水一般冲垮了儒家所构建的社会体制，江湖社会因此诞生。参见于阳：《江湖中国：一个非正式制度在中国

首先，这种非正式社会中最重要的构成要素是"关系"。和规则相比，关系的特征是具象化、类别化、差序性。通常的关系类型有"亲戚""朋友""同学""校友""街坊""邻居""同事""师生""师徒""战友""领导""部下""同乡""同族""干亲""结拜""世交"。[1]由这些关系类型组成的既是社交网络又是资源库。其形成是基于某种"情"或"义"，如血缘亲情、同窗之谊、邻里之缘等。由这些关系类型形成一张张情义之网。以"亲情"和"人情"为依靠，尽可能地构建、维持和延伸这张情义之网，然后通过这张情义之网，继续向外扩展，形成更大的"关系"网络，以之能够将利益获取和矛盾冲突的解决都笼罩在自己所构建的这张网内。所以，一般老百姓在遇到矛盾纠纷需要解决时，即迅速地检索和调取网络内可资利用的各种类型资源。只有当矛盾冲突的解决超出其网络覆盖范围，导致无资源可利用时，才诉诸法律手段。而此时，再无任何情义可言。所以，从古至今，中国老百姓为何"厌讼"，在于诉讼是一件超出其理解和接受能力的事情，会将其带入一个

_____

（接上页）的起因》，当代中国出版社 2006 年版，序言第 3～5 页。这种状况自新中国成立以后得到很大改观。以土地革命、塑造社会主义新人新风尚、单位制、集体制等一系列方法手段，国家在基层建立起广泛的权力和微观治国理政体系。但自改革开放开始，出于发展经济的考虑，国家在治国理政的方略上整体趋于制度化和法治化，行政管理力度及其范围相对而言简化了许多，这无疑是一种进步。但同时带来另外一个结果就是民间社会中行政管理和治理漏洞的形成。而填补这个漏洞，正是我们今后很长一段时间在基层社会治理方面的重要课题。需要注意的是，不能够简单地认为这是沉渣泛起而予以打击。其实这就是中国社会一直以来的就有的文化代码和社会基因。随着政治权力、经济条件、价值观念之间在不同时期的变化组合就会时隐时现。在当前之所以显现，说明这是当前政治、经济、社会等因素在现时期组合变化而成的客观结果。虽然很多人都说不清何谓江湖，但是民间常谓有人的地方就有江湖。

〔1〕 于阳：《江湖中国：一个非正式制度在中国的起因》，当代中国出版社 2006 年版，第 85 页。

去关系化的陌生空间。概括来看，在"关系"社会中，民众的行为模式是以义开路、隐利于义、义从利生、利以义成。

其次，非正式社会中的原则就是讲"义气"。中国社会中的现实是：上下级之间、同事之间、生意伙伴之间、朋友之间虽然处于不同的体制、制度、关系模式中，但最终维续、再生、扩展这些关系的往往是讲"义气"的行为。而什么叫做"讲义气"并没有固定规则。它既非纯粹理性规则，也不是感性和激情的肆意迸发。它以情境化的方式穿梭于理性规则和现实利益需求之间，从而成为中国社会中显性制度与规则背后真正起作用的运行规则。排除价值判断，从客观现实出发，江湖社会及其义气规则是研究中国社会绕不过去的主题。

最后，生活在非正式社会中的方法是"混"。"混"由来已久，非正式社会中有"混"，[1]钟鸣鼎食之家也有"混"，[2]"混日子"常见，连文凭也可以"混"。[3]从字面上来看，"混"表示出一种不严谨、玩世不恭的生活态度，即"行动者对于自身或者环境的非正当状况的顺应，这种顺应往往伴随着超越价值的缺失"。[4]所谓"超越价值"即包括义理大道、民族大义、道义伦理等超越"逐利"之"义"。代之而起的是以"关系""人情""面子""义气"等方法进行的唯我、短期、及时性的利益获取。

---

〔1〕"踢两趟腿、练套家伙、翻几个跟头，附带着卖点大力丸，混个三吊两吊的"。参见老舍：《断魂枪》，北京燕山出版社 2011 年版。

〔2〕"更可笑的是八股文章，拿他诓功名混饭吃也罢了，还要说代圣贤立言"；"老太太这样疼宝玉，毕竟要他有些实学，日后可以混得功名"。参见（清）曹雪芹、高鹗：《红楼梦》，人民文学出版社 1982 年版，

〔3〕"就近汉堡大学的博士学位，算最容易混得了，但也需要六个月，干脆骗家里人说是博士吧"。参见钱锺书：《围城》，人民文学出版社 1991 年版。

〔4〕张龙、孟玲：《"混"：一个本土概念的社会学探索》，载《青年研究》2015 年第 3 期，第 87~88 页。

无论是非正式社会的形成，还是"关系""义气""混"等要素、原则、方法的存在和运行，都反映出社会中正式的、强有力的精神和制度资源的缺乏。所以，实现从江湖社会到法治社会的转变应该是中国社会转型的目标。正因如此，社会主义核心价值观在基层社会共同体中的贯彻和指导作用非常重要。尤其是在乡村基层社会当中，一定要坚定不移地将社会主义核心价值观宣传和贯彻到位，使之成为新时代新农村思想精神建设的主流，使之成为乡村基层社会民众坚定不移的思想信念和行动指南，使之成为替代传统乡村基层社会中非正式社会传统思想的有力武器。不过，我们要充分意识到，这是一个从思想到行为方式、从国家到民间的全方位的转变。因此，很长一段时期内，非正式社会的一些影响可能仍将存在，仍然是我们进行法治建设时必须考量的社会环境。这也从侧面说明为何当下中国法治国家的建设是一项艰难、长期的事业。

第二节　法治化进程中多元化的主题与主体

我国社会主义的法治建设历程一个显著特征是断断续续、曲曲折折。为何会如此？是法治这个舶来品水土不服？还是国人惯于用伦理道德来替代和模糊化法律？或者也不用大惊小怪，无非是成熟法治国诞生前必经的阵痛？这些解释有一定的合理性，但还是没把问题说透。原因在于都以整体论视角观察解释法治建设历程，没有还原到多元的、具体的社会群体中寻找最大公约数。不同的群体及其相互间的交流、协商是社会行动的基本形式，每个人都会自觉或不自觉地从所在群体的价值观出发看待问题。一段时期以来，那些相信西方法治的人会以批判的眼光和悲观的态度来看待中国法治，对此，我们每一个人都要保持清醒的头脑，坚定不移地对此采取否定的态度和批判的精神。秉持本土化观点的人相反可能比较自信和乐观，因为法治中国化是一条正确的道路。不过，至于为何以及如何坚持走出一条中国化的、具有中国特色社会主义的法治道路，需要我们静下心来，仔细研究人类各种不同群体之间理性行动的要素及其规律。所以，以群体观点和相互理性交流、协商和博弈协调的观点方法为视角，透视法治建设历程就较为客观可信。

一、总体性发展阶段概观

综观学界对新中国法治曲折发展的总结，大体上有两阶段论、三阶段论、四阶段论、六阶段论这四种。

表5

类别	标准及其划分
两阶段论	1949—1978 年法制阶段；（其中又包括法制初创、停滞不前、彻底破坏三个小阶段）1978—2006 年渐进法治阶段；（以 1996 年为界，又包括先期的理论准备及其法律实践、后期正式确立依法治国方略并进一步推动法治国家建设两个小阶段。）[1]
	摧毁与重建（1949—1957 年）、停滞与毁灭（1957—1976 年）、重建与发展（1976—1997 年）三个阶段。这三个阶段的历史见证了中国法制建设的"两度摧毁又两度重建"。[2]
	法制开端的曲折（20 世纪 50—70 年代）、法制新生的历程（20世纪 80 年代）、法学争鸣的深化（20 世纪 90 年代）三个阶段。[3]

〔1〕 李步云：《中国法治历史进程的回顾与展望》，载《法学》2007 年第 9 期，第 27~34 页。

〔2〕 蔡定剑：《历史与变革——新中国法制建设的历程》，中国政法大学出版社 1999 年版，第 11~17 页。

〔3〕 郭道晖、李步云、郝铁川主编：《中国当代法学争鸣实录》，湖南人民出版社 1998 年版，第 23 页。

续表

类别	标准及其划分
三阶段论	法制奠基、从挫折到新生、中国特色的社会主义法治道路的开启与实践三个阶段。[1]
	第一次法律革命（1949 年后至十一届三中全会前）、第二次法律革命（十一届三中全会之后至十八大之前）、新的历史阶段（十八大至今）三个阶段。[2]
	曲折中的前进（1949—1966 年）、停滞的十年（1966—1976 年）、凯歌行进的年代（1976 年—）三个阶段。[3]
四阶段论	法制的创建（1949—1957 年）、发展与偏离（1957—1966 年）、停滞与毁灭（1966—1976 年）、法制建设的新开端（中共十一届三中全会以后）四个阶段。[4]
六阶段论	以 1949 年、1957 年、1966 年、1976 年、1978 年为转折点，分为新纪元、伟大的奠基、风云突变、走向悲剧、拨乱反正中的徘徊与改革、近十年的法制发展六个阶段。[5]
	萌芽、初创、稳步发展、曲折发展、"文革"期间的破坏、"文革"后的新发展六个阶段。[6]

之所以有着诸多不同的划分，和学者们观察视角、理论依据乃至个人经历都有关，不过，明显可以看出，虽然观点杂陈，但这些看似不同的划分很多都依据几个时间上的关节点来进行，例如 1976—1978 年、1996—1997 年、2014 年等。如果对新中国成立后至今政治生活稍有了解的话，不难发现，这些时间节点

〔1〕 张晋藩主编：《中国法制 60 年（1949—2009）》，陕西人民出版社 2009 年版，第 12~17 页。
〔2〕 公丕祥：《中国特色社会主义法治道路的时代进程》，载《中国法学》2015 年第 5 期，第 29~52 页。
〔3〕 林乾、赵晓华：《百年法律省思》，中国经济出版社 2001 年版，第 21~27 页。
〔4〕 蒋传光等：《新中国法治简史》，人民出版社 2011 年版，第 20~53 页。
〔5〕 王人博、程燎原：《法治论》，山东人民出版社 1989 年版，第 312 页以下。
〔6〕 杨一凡、陈寒枫、张群主编：《中华人民共和国法制史》，社会科学文献出版社 2010 年版。

同时也正是中国政治生活中发生重大变化的时刻。[1]那么，这是否表明，我国法治发展的节奏及其规律和当时的国家政治经济生活当中的主基调息息相关？为客观起见，我们再做一个系统的比较分析。以新中国成立后至今国家的重大决策与事件（主要是新中国成立后召开的历次党的代表大会）、中国法学会法理学研究会历年年会主题、法学界至今所争鸣的法治相关问题这三个主题为素材，进行纵向的对比和分析。

二、多元化的主题与主体

表 6[2][3]

主题 时间	政党-国家的重大决策与事件（以新中国成立后党的历届代表大会为主要线索）	中国法学会法理学研究会年会主题	法学界所争鸣的法治相关问题
1949-02	中共中央发出《关于废除国民党的六法全书与确定解放		

〔1〕　详细可见表 6 第 1、2 两列。

〔2〕　表 6 资料来源：薄一波：《若干重大决策与事件的回顾》，中共中央党校出版社 1993 年版；中共中央党史研究室：《中共党史大事年表》，人民出版社 1981 年版；王渔主编：《中共党史简编》，中共中央党校出版社 1988 年版；高山、冯京义、牛宝文主编：《中华人民共和国五十年大事记（1949~1999）》，山东人民出版社 1999 年版；中国共产党新闻网：中国共产党历次全国代表大会数据库；cpc. people. com. cn/GB/64162/64168/index. html. 最后访问时间：2021 年 9 月 8 日；此外还参考了张志铭、于浩：《共和国法治认识的逻辑展开》一文中"中国法学会法理学研究会年会 1985-2012 年会主题一览"表，载《法学研究》2013 年第 3 期，第 4~6 页；何勤华：《新中国法学发展规律考》一文中的"新中国法学发展重大理论和实践问题讨论争鸣表"，载《中国法学》2013 年第 3 期，第 137 页。

〔3〕　在此需要说明的是，法学界对人治还是法治、法治如何中国化、党的领导与法治、司法独立与否等问题的争论并没有专门集中于某一个历史时期，而是在很多阶段都有不同反映，表中所列是该类问题争论大致的和最为集中的阶段。

续表

时间 \ 主题	政党-国家的重大决策与事件（以新中国成立后党的历届代表大会为主要线索）	中国法学会法理学研究会年会主题	法学界所争鸣的法治相关问题
	区的司法原则的指示》。		
1949-09	政协第一次全体会议制定临时宪法性质的《共同纲领》。		
1954-09	第一次全国人民代表大会第一次会议通过《中华人民共和国宪法》以及其他5部组织法。任命董必武为最高人民法院院长，张鼎丞为最高人民检察院检察长。		司法独立、审判独立之争
1956-09	中共八大召开，正确分析国内主要矛盾变化及相应的任务。		法的阶级性与继承性。人治与法治（1949—1958年之前）。
1957-06	中共中央发布《关于组织力量准备反击右派分子进攻的指示》，原有的整风运动转为反右斗争。		
1965-11	姚文元发表《评新编历史剧〈海瑞罢官〉》揭开了"文化大革命"的序幕。		
1969-04	中共九大召开，"无产阶级专政下继续革命理论"被确立为党的指导思想，"左"倾错误发展至顶点。		
1973-08	中共十大召开，邓小平等被选为中央委员。		
1977-08	中共十一大召开，宣告"文化大革命"以粉碎"四人帮"为标志而结束。		

续表

时间＼主题	政党-国家的重大决策与事件（以新中国成立后党的历届代表大会为主要线索）	中国法学会法理学研究会年会主题	法学界所争鸣的法治相关问题
1978-12	十一届三中全会召开，（1）纠正了"左"倾错误，恢复了马克思主义思想、政治路线；（2）把党的重点由阶级斗争转移到社会主义现代化建设上来；（3）提出改革开放的思想。		何谓法律面前人人平等。党的政策与国家法律。
1981-06	十一届六中全会召开，审议通过《关于建国以来党的若干历史问题的决议》，完成中共在指导思想的拨乱反正。		法治与人治之争。刑法中是否适用类推之争。
1982-09	中共十二大召开，邓小平提出的关于建设有中国特色社会主义的思想，是十二大的指导思想，开始把中国带入建设有中国特色的社会主义的新的政治轨道。	1985年年会主题：法律的概念；法律与改革。1986年年会主题：社会主义民主的制度化与法律化。1988年年会主题：社会主义初级阶段的法治建设。1990年年会主题：社会主义民主与法治建设。	行政法的基础理论。如何建立中国式的法律体系和法学体系。
1987-10	中共十三大召开，阐述了关于社会主义初级阶段理论和党在社会主义初级阶段的基本路线，寻找出了一条符合中国国情的有中国特色的社会主义道路。		民主先行还是法治先行。
1992-10	中共十四大召开，作出了三项具有深远意义的决策：（1）抓住机遇，加快发展的决策和	1992年年会主题：人权与法制。分主题：（1）学习邓小平同志重要谈话	

时间　　主题	政党-国家的重大决策与事件(以新中国成立后党的历届代表大会为主要线索)	中国法学会法理学研究会年会主题	法学界所争鸣的法治相关问题
	战略部署。（2）确立社会主义市场经济体制的改革目标。（3）确立了邓小平建设有中国特色社会主义理论在全党的指导地位。	精神及其对法学、法理学研究的意义；（2）人权与法制问题。1993年年会主题：社会主义市场经济与法制建设。1996年年会,主题：依法治国,建设社会主义法治国家。	
1997-09	中共十五大召开，（1）首次提出"邓小平理论"这个称谓；（2）指出公有制为主体、多种所有制经济共同发展,是我国社会主义初级阶段的一项基本经济制度；（3）提出依法治国的基本方略。	1997年年会主题：依法治国的理论与实践。1998年年会主题：建设社会主义法治国家的理论与实践。2000年年会主题：21世纪亚洲的法律与发展。分主题：亚洲法治的新发展、亚洲的人权与法治等。2001年年会主题：西部开发与法治建设。	法治与法制之争。能否建立适合中国国情的违宪审查制度。
2002-11	中共十六大召开，（1）确立"三个代表"重要思想为党必须长期坚持的指导思想；（2）提	2003年年会主题：社会转型与法治发展。分主题：	

时间 \ 主题	政党-国家的重大决策与事件(以新中国成立后党的历届代表大会为主要线索)	中国法学会法理学研究会年会主题	法学界所争鸣的法治相关问题
	出全面建设小康社会的战略目标。	(1) 社会转型与中国法治进程；(2) 政治文明与法治；(3) 市民社会（公民社会）与法治；(4) 司法改革与法治；(5) 德治与法治。	
2004-09	中共十六届四中全会作出《关于加强党的执政能力建设的决定》，提出坚持最广泛最充分地调动一切积极因素，不断提高构建社会主义和谐社会的能力。	2005年年会主题：构建和谐社会与法治发展。2006年年会主题：法治与社会公平。	
2007-10	中共十七大召开，通过了关于《中国共产党党章程（修正案）》的决议。	2007年年会主题：以人为本与法律发展。	法治还是德治之争。
2011-10	中共十七届六中全会召开，通过《关于深化文化体制改革　推动社会主义文化大发展大繁荣若干重大问题的决定》提出以人为本的文化发展方向。	2010年年会主题：社会主义法治理念与中国法治之路。2011年年会主题：法治发展与社会管理创新。	
2012-11	中共十八大召开,(1) 明确了科学发展观是党必须长期坚持的指导思想，并写入党章。(2) 制定了坚持走中国特色	2012年年会主题：科技、文化与法律。	

续表

时间 \ 主题	政党-国家的重大决策与事件（以新中国成立后党的历届代表大会为主要线索）	中国法学会法理学研究会年会主题	法学界所争鸣的法治相关问题
	社会主义政治发展道路和推进政治体制改革前进方向。（3）提出了全面建成小康社会目标。（4）回答了坚定不移走中国特色社会主义道路政策立场。		
2013-11	中共十八届中央委员会第三次会议通过《关于全面深化改革若干重大问题的决定》，提出推进国家治理体系和治理能力现代化，坚持党的领导、人民当家作主、依法治国的有机统一。	2013年年会主题：法律权威与法治体系。	形式法治与实质法治之争（其中还包括良法与法治，党的领导与法治等）。
2014-10	中共十八届中央委员会第四次会议通过《关于全面推进依法治国若干重大问题的决定》，系统、全面、深入阐述了中国特色社会主义法治体系的建构以及法治道路发展方向等问题。	2014年年会主题：推进法治中国建设的理论与实践。2015年年会主题：中国法治发展道路。2016年年会主题：全球化背景下的国家治理与制度建构：法治理论与东亚经验。	

　　通过对表5、6进行观察，我们可以发现这样三个规律或曰特征：①法理学研究会在选取年会主题时较多紧扣该阶段政治经济生活当中的主题和政治形势，且大多数围绕法治或法制

问题展开；[1]②虽然也回应了当时的政治要求，但是，相比较
法理学研究会主题选择的实效和敏锐，法学界学术上的争论和
政治形势是同步的，在同步的同时，还有一些学术主题和学术
思想体系的延续，表现在争鸣主题具有一定的学术延续性、基
础性以及时间上的跨越和反复。③法学界对于法治及其相关问
题的争鸣从新中国成立后不久即已开始并延续至今。[2]

　　基于这三点，可以发现，在中国法治建设过程中既有共识
也有争论，既有对国家大政方针的及时的政策性反应，也有自
身理论体系相对独立的学理性构建。这说明在此过程中一直存
在着在思想资源和目标取向等方面同中有异的不同群体：首先，
是国家机构组织和法学家。这两个群体对于法治的认知、主张、
实践以及相互间的关系状态是新中国成立以后我国法治建设构
成性的背景因素之一。当然，仅仅将中国法治建设的主体视为
国家机构组织和法学家显然与事实不符，因为不论是哪一方，
也不论是何种法治诉求与主张，最终都要面对社会公众。法治
要实现的是对国家和社会的基层化治理。所以，人民群众必然
也是近代以来中国法治建设中的构成性主体，而且是最终的、
决定性的主体。在笔者看来，新中国成立以后中国法治建设之
所以呈现出复杂多样的样态和起伏不定的发展历程，存在着那
么多的困惑和论争，绝大多数都与这三类主体在不同历史时期
所具有的同中有异、相辅相成、共同发展的构成形态、地位、
利益主张、相互关系等因素有着直接关联。这三类主体在特殊
历史社会情境下的嬗变、互动与选择形成了法治建设的主要脉

---

　　〔1〕　有学者也注意到，党的全国代表大会所出台的大政方针及其变化对于其
他的政治法律制度有着很大影响。Zou Keyuan, *China's Legal Reform: Towards the Rule
of Law*, Leiden. Boston: MartinusNijhoff Publishers, pp. 47~49.

　　〔2〕　这是仅就表7所示而言，其实如我们后面将要论述的那样，法学界乃至知
识界对于法治或法制问题的争论自清末即已开始。

络。不过，因为这三类群体不是自建国后就凭空产生并独立存在的，而且从思想的嬗变到群体结构等方面都和清末以降的近代历史有着千丝万缕的关联。所以，需要在论述时将视角延伸至清末以来的法制（治）建设历程，以期完整而透彻地来观察和分析中国法治建设的全过程。

第三节　清末至新中国成立以前的法制（法治）建设主体

一、首倡者与窃取者

在清末至 1949 年新中国成立之前这段时间里，首倡并力行法制（法治）的主要是知识分子和政党群体，普通民众暂未登上法制（法治）的历史舞台。

清末最早提出法制（法治）概念并进行集中论述的当属知识分子群体。[1]之所以如此，原因有三：首先，从相对比较宏观的背景性因素来看，和几千年来都是以农民为主体发动农民革命改朝换代不同，清末以来历次社会变革的主要发起者都是

---

[1]　阮毅成：《中国法治前途的几个问题》，载《东方杂志》1933 年第 13 期，第 78~84 页；1933 年第 7 期的《东方杂志》为"宪法问题专号"，集中刊发了张知本、丘汉平、胡愈之、孙科、高一涵等人关于宪法的文章；蔡枢衡在 1939~1942 年间就宪法与法治、警察国与法治国、中国法治道路等问题集中进行过论述，参见蔡枢衡：《中国法理自觉的发展》，清华大学出版社 2005 年版，第 114~187 页；此外，胡适、王世杰、吴经熊、罗隆基、翁文灏、黄炎培等一批学者对法治问题都进行过论述。张骐：《继承与超越：二十世纪前半叶中国法理学回顾论纲》，载《中外法学》2000 年第 1 期，第 72~81 页。此外，从清末到 1949 年，陆续创办的法律类期刊杂志约有 150 种之多。程燎原：《中国近代法政杂志的兴盛与宏旨》，载《政法论坛》2006 年第 4 期，第 4~15 页。这都说明在近代以来中国法治建设过程中知识分子的首倡和引领作用。

社会当中的知识分子群体。[1]其次，从知识传播与接受的角度来讲，法治（法制）对于国人来说是一个舶来品，能够接触和理解的首先是知识分子，[2]长期处于皇权政治氛围中的普通民众和皇帝以及官僚们意识不到也无意于法治；[3]最后，知识分子阶层从思想资源、命运到社会角色都发生了根本性的改变而导致行为选择的变化。中国传统社会由士农工商四大阶层组成，其中，士大夫阶层一直占据着核心位置。"中国传统社会是知识分子的天下。"[4]但好景不长，明代以降，随着经济和社会形势

---

〔1〕　金耀基认为，近代以来中国社会虽历经曲曲折折，但总体来看是朝向现代化迈向的过程。其中，现代化运动的主角是社会中的秀异分子（elite）。因这些秀异分子各自在此过程中的分量和表现不同，从而规约、影响到现代化的发展形态。现代化运动迄今共有五次：第一次是由曾国藩、李鸿章、张之洞等人领导的同光时期的洋务运动；第二次是由康有为、梁启超等人领导的戊戌维新运动；第三次是由孙中山领导的辛亥革命运动；第四次是由陈独秀、胡适等人领导的新文化运动；第五次是由毛泽东等共产党人领导的社会运动。金耀基：《中国现代化与知识分子》，时报出版公司1977年版，第21~25页。可以看到，这五次社会运动的领导者不论其最终身份如何，都有一个共同特征，就是知识分子居多。而且除了第一次运动的领导人曾、李、张以外，其他四次运动的领导人都是"新知识分子"。何谓"新知识分子"，在金耀基看来，这是一个边界模糊的概念和阶层，不宜以某些固化的、物质性的标准来识别，很难简单归类。可以包括的有大学教师和学生、学术机构、新闻机构和文化机构等工作人员等。这个阶层一个主要特征是，在出现某些社会、政治、文化问题和事件时，他们不期然地会"同声相应、同声相求"。金耀基：《中国现代化与知识分子》，时报出版公司1977年版，第74~76页。

〔2〕　据统计，近代以来有案可稽的法学留学生大约有4500人，其中很多人在后来中国法治建设中起到非常重要的作用，如武廷芳、王宠惠、唐绍仪、杨兆龙、倪征𣹰、钱端升、王造时、张奚若、沈钧儒、宋教仁、廖仲恺、吴玉章、李大钊、董必武、居正、张君劢、张友渔等人。参见郝铁川：《中国近代法学留学生与法制近代化》，载《法学研究》1997年第6期。

〔3〕　从普通民众的角度来看，民智未开以及极低的物质生活水平状况是难以成为民主法治生长的沃土的。从孙中山到鲁迅等仁人志士都清楚地意识到了这一点；从既有权力拥有者的角度来讲，讲法治就意味着权力旁落，因此他们会极力反对，这一点在清末制宪闹剧中即可略见一斑。

〔4〕　金耀基：《中国现代化与知识分子》，时报出版公司1977年版，第64页。

的改变，士大夫阶层的地位渐渐受到挑战，至 1905 年科举制度正式废除，体制性保障荡然无存，士大夫阶层从此被边缘化，成为边缘化的知识分子。[1]正是由于这种边缘化的状况，使得其能够以积极无畏的姿态面对事实，采用新的手段来重新改造社会与国家，而西方的法治理念和制度无疑是一件现成的、称手的工具。

　　不过，纵观清末至新中国成立以前这段历史可以发现，新旧民主主义革命才是时代主题，"法治"经常被"新旧民主主义革命"所架空和替代。尤其是 20 世纪 20 年代以后，新旧民主主义革命此起彼伏，袁世凯、段祺瑞、曹锟、吴佩孚等军阀集团虽倒行逆施、闹剧不断，但施政时仍打着法治的旗号。导致民众乃至一部分知识分子对法治感到失望。"从此，中国逐步告别北洋'法治'时代，递嬗进入国民党所施行的党国体制时代。"[2]

　　正如我们所看到的那样，旧政权（尤其是国民党时期的政党、军阀利益集团）接过法治大旗，迅速成为政治与社会生活的核心力量。但是，我们可以清楚看到，国民党所谓的法治（法制），其实质就在于将国民党凌驾于所有社会群体权利之上，并且是打着法制的旗号，其结果就是知识分子及其法治主张再次被边缘化，最关键的是在此过程中广大民众根本就没有参与

---

　　〔1〕　对这一过程比较详尽的论述可见：余英时：《中国知识分子的边缘化》，载《二十一世纪》1991 年 8 月号；罗志田：《科举制的废除与四民社会的解体》和《近代中国社会权势的转移：知识分子的边缘化与边缘知识分子的兴起》这两篇文章，罗志田：《权势转移：近代中国的、思想、社会与学术》，湖北人民出版社 1999 年版，第 161~241 页；王汎森：《近代知识分子自我形象的转变》，载许纪霖编：《20 世纪中国知识分子史论》，新星出版社 2005 年版，第 107~126 页。

　　〔2〕　李在全：《法治与党治——国民党政权的司法党化（1923~1948）》，社会科学文献出版社 2012 年版，第 27 页。

其中的可能，而且，国民党政府压根也没有将人民群众的利益考虑在内。

所以，国民党的所谓的法治实践就注定不会成功，必将被中国共产党领导的法治（法制）实践所取代。综合来看，原因在于，国民党以权力集中化的党及党员来规训民众过于理想化，而且最终是为了国民党一党利益而伪饰其专制性权力，所以，最终的失败实属必然，其政府"既不代表工人，也不代表资本家，甚至不代表全体官吏，而只代表少数人的利益"。[1]而且，国民党治理体制下的法治实践就其实质及其功能来看，和全心全意以全体人民的根本利益为宗旨的中国共产党所领导的法治（法制）实践有着本质的区别。首先，中国共产党没有自身特别的利益，人民的利益就是党的利益，实现党的利益就是在实现人民的利益，国民党所谓的法治化（法制化）的治理方式，实质上是通过制度化的方式追求个别化群体私利，并且以法制建设伪饰自己。中国共产党则是通过将党的领导法治化，从而保障人民最根本的利益。实质上是以集中而且有效的组织及其最大化民主的方法，保障和实现广大人民群众的最大化利益。所以，国民党在其所谓的法治化（法制化）的道路上离法制和人民利益渐行渐远，而中国共产党在党的领导法治化道路上和人民日益紧密结合、水乳交融。

二、传统社会中民众不出场的结果和反思

社会主义国家成立以前，这场主要由知识分子发起的法治实践为何会不堪一击？笔者认为，亡国灭种的时代危机是外因，是决定着知识分子阶层在进行法治选择时不可逃避的硬条件；

---

〔1〕 李锦峰：《国民党治下的国家与工人阶级，1924-1949》，复旦大学 2011 年博士学位论文，第 1 页。

知识分子阶层基于什么目的选择法治是内因。当时的知识分子阶层具有非常复杂和矛盾的心态，一方面，他们敏锐地意识到西方法治文化有着一些可取之处，因而积极引介西方的法政制度；另一方面，由于长期的浸润使得其难以真正摆脱传统的伦理道德标准和智识资源的支持；再加上迫在眉睫的亡国灭种危机，使得其在引介和适用西方法治思想及其制度建设实践时，赋予其多种意涵。首先是启蒙，希望借法治要求的权利、平等、自由来使民众脱于蒙昧；其次是斗争，矛头直指清末皇权专制和大小军阀。最后，希望能以法治填补传统伦理道德逝去后的真空，并以对法治的话语权的掌握而重新成为整个社会的中坚。所以，从知识分子阶层的立场要求来看，法治被想象并设计成这样，实为必然选择。但跳出该立场来看，这种法治诉求的本质，内在的是知识分子在传统以来的道统坍塌后的迷惑、想象乃至雄心的混合物和替代物；外在表现为一种政治舆论上的、引领式的、形式大于内容的运动。其中关键的是，在这个过程中始终没有触及基层社会的广大民众。自始至终，广大民众处于沉默、待引领启蒙状态。因而，这种内外因素交织的结果就是，孤军奋战的知识分子阶层很容易被军阀、政党排挤并被抢夺法治的话语权，法治经常被改造和利用，在大多数场合下被各种各样的社会变化的洪流所淹没。

不过，就此将漠视民众的责任全部归咎于知识分子阶层的话则有失公允。因为当时其所面对的是仍处于"前民族国家"氛围中的民众。共同的语言、明确而固定的领土边界、主权要求、政府、警察、法律体系等民族国家必备的要素对于当时普通民众来说仍然比较陌生，知识与新文化传播也只局限于少数群体之中。无论从思想条件，还是制度和物质条件方面，知识分子群体都缺少可资利用的资源来动员民众参与法治建设。民众这种自在而不自觉的状态是影响近代中国法治建设的一个非常重要的因素，这种状况直到中国共产党领导广大社会民众进行社会主义国家建设及其法治实践的时候才真正得以改变。

第四节　我国社会主义国家成立以后的法制（法治）建设主体

之所以以社会主义国家成立为论述分界点，倒不是认为历史在此时发生了全然不同的变化，从而和过去决裂。这种想法毫无疑问是错误的，历史从来都是继承与发展交织在一起。以此作为分界点的原因在于三个方面：第一，中国共产党，这个在新中国成立以后对法治建设起到非常大影响的主体，开始成为我们论述时非常关键的主体；第二，人民群众逐渐改变在旧政权中被忽视的沉默的角色地位，在中国共产党坚强有力的领导下，开始走向法治建设前台；第三，主要是法学家群体，而非一般意义上的知识分子阶层参与法治建设的方方面面，为社会主义国家的法治（法制）建设添砖加瓦贡献智慧。至此，构建社会主义国家法治建设的主体全部参与，各个群体开始以不同的方式逐渐参与其中，共同开始了中国特色社会主义法治建设历程。

一、社会主义国家成立以后至十一届三中全会之前

在这一阶段，在社会发展各个领域中有着重要影响，起到关键性、主导性作用的是中国共产党。法治建设自不例外。其他群体在法治建设中的地位、作用等均与其有着不同程度的关系。

（一）中国共产党的立场

无论从逻辑还是从客观历史事实的角度来讲，中国共产党是我们在论述中国法治建设时绕不过去的一方，是我们进行中国特色社会主义法治建设的灵魂和主线。不过，中国共产党领导人民建设社会主义国家，这是一个包括建设中国特色社会主义法治在内的全面的、多项任务的集合。除了建设法治国家以外，党的领导还体现在社会事物的其他许多方面，例如，思想政治建设等。所以，此时的党的领导和法治建设是两个有交集但不是完全重合的系统和过程。直至十一届三中全会之前，虽然不能够说党的建设完全反映了法治建设，但实际上却是这一阶段法治建设的主要的决定性的力量，法治建设的曲折发展很大程度上是与其相关的。为此，我们需要分析一下这段时间内我们党是在什么样情况下、基于什么样的立场和法治相遇的。笔者具体从时代背景、思想资源、历史经验教训论述。

1. 时代背景

清末以降直至社会主义国家成立的一段时间，整体来看属于"多事之秋"。从初期封建主义君权的崩溃、废除科举制后社会与思想的动荡和迷茫；中期军阀割据的兴起、旧民主主义革命的兴起与失败；后期国民党政权的失败、社会主义国家成立、中国革命和建设的曲折发展等，让人眼花缭乱。而且这些事件的发生及其解决的特点在于，绝大多数都表现为新与旧、进步与保守之间不可共存的斗争，表现为前赴后继的一次次的革命。对于中国共产党来说更是如此。自成立伊始直至"文革"期间，政治制度建设一直是挥之不去的主题。而且这个自清末以降陈陈相因、叠加演变的主题因为在近代社会浸润太久，从而给每一个后继者留下了抹不去的危机意识。既然是在危机中进行国家建设，就不可能大家心平气和地坐下来讨论、协商、妥协、制定规范性制度体系并严格相约遵守。以政治手段来解决问题成为常规。所以，在政治建设框架内进行法治建设成为中国共产党在特定时代背景下策略选择的结果。[1]在我们回首近代以来内外交困的现实及其可能性的选择空间时，不难发现，这种策略是符合历史发展的必然选择。

2. 思想资源

中国共产党是在坚持马克思主义基本原理前提下，努力探索实践具有中国特色社会主义发展模式的锐意进取的政党。当马克思主义在解释中国革命与建设实践中不可避免地有些抽象和具体适用问题时，正是列宁"创造性地把马克思主义发展成为一种适用于中国和'非西方'世界各地区的革命理论"，并因此"受到共产党人的尊敬和信任"。[2]列宁主义最基本的理论特色是在继承马克思主义阶级理论基础上，根据西欧以外的国家和地区的实际情况，提出在革命过程中党的建设和国家建设的重要性和迫切性，意识到必须有一个坚强有力的核心领导组织来领导广大人民群众来争取民主，因此，要进一步凝练出以党的建设引领和组织国家建设的体制。该体制的核心要义在于国家在治国理政的活动中管理相对较为集中，通过强有力的行政管理方法规划、管理社会各项事务，法治与行政管理合一。[3]在

---

〔1〕　彭真曾说过："在战争时期，党也好，军队也好，群众也好，注意的是党的政策。那时只能靠政策。就全国讲，法是国民党的或外国侵略者的，如果要讲法，就不能革命。就是维护三大敌人的统治秩序。那时候对反动统治阶级就是要'无法无天'。"彭真：《论新时期的社会主义民主与法制建设》，中央文献出版社1989年版，第218~219页。

〔2〕　[美]莫里斯·迈斯纳：《李大钊与中国马克思主义的起源》，中共北京市委党史研究室编译组译，中共党史资料出版社1989年版，第214页。

〔3〕　Stanley B. Lubman, *Birdin a Cage: Legal Reform in China After Mao*, Stanford University Press, 1999, pp. 71~101.

法律领域就表现为"政法"体制的诞生。[1]这种政法体制体现在法治建设的方方面面，如20世纪90年代中期，法理学被称为"国家与法的一般理论"；专门性的法律院校称之为政法大学（学院）；出于社会整体形势或公共舆情的考虑，政法委在适当的情况下会牵头成立"专案组"，组织协调公检法机关联合办案。直至今天，这种体制在中国特色社会主义法治建设过程中还发挥着其不可替代的作用，是中国特色社会主义法治国家建设当中不可或缺的要素，是打通规范化立法司法、国家和政府权力有效行使之间的纽带。

思想文化的接受既不可能一蹴而就，也不可能一刀两断。科学的态度就是"取其精华去其糟粕"虽然以马列思想为基础并努力斩断与传统的关联，但传统文化中优秀的、值得继承、借鉴和吸收的思想及其方法要及时体现在中国共产党的执政思想与实践中，并在新中国政法实践中体现出来。社会主义的集体观的塑造重视道德的意义。基于这种思想，法治建设需要和社会主义道德建设相配合，要有助于伦理道德的实施。所以，在法治建设过程中，我们保留和创造出一些独具特色的制度与做法，如调解制度，既体现出"以和为贵"的传统文化思想，又契合毛泽东人民内部矛盾应通过民主、教育、批评方法解决的要求；[2]不仅在现在，在将来，这些都是我们在中国特色社

---

〔1〕 需要注意的是不能将这里所说的政法体制仅地理解为党委内设的党委领导政法工作的职能部门"政法委员会"。从时间上来说中共中央决定成立政法委员会时已是1980年初，而作为一种制度和体制则可以追溯至1946年中共中央书记处批准成立"中央法律问题研究委员会"之时。周永坤：《政法委的历史与演变》，载《炎黄春秋》2012年第9期，第7~14页；刘忠：《"党管政法"思想的组织史生成（1949~1958）》，载《法学家》2013年第2期，第16~32页。

〔2〕 从早期的马锡五审判方式到现在的宋鱼水、陈燕萍等人的审判方式，贯穿司法审判的一根红线始终没断，并被作为整个政法工作领域的典范来要求大家学习。

会主义法治国家建设过程中必须坚持的有益的宝贵经验。

　　3. 历史经验教训

　　作为一个有强大生命力的政党，中国共产党始终保持着良好的学习与调适能力。[1]国民党忽略法治的失败事实成为新中国法治建设过程中第一个值得重视的经验教训。根据新中国成立后新政权所面对的国际和国内形势，一个坚强而有力的政党的核心领导，在社会主义国家是历史和社会发展的必然选择。在共产党人看来，法治和民主的构建很有可能会帮助新政权实现治国理政的良性循环。[2]同时，我们的社会主义国家之所以"新"，在于和封建王权的决裂以及和现代民主法治潮流的契合。就新中国成立后国家和政府使用"中华民族"一词而言，国家的构建应是社会主义国家当然的性质和目标。强调国家构建有两个好处：一是和旧政权在形式和实质方面都有区别；二是能够实现旧政权一直实现不了的广泛的基层动员与整合。这都是共和国所需要的。而且，就当时的舆论氛围以及国际潮流来看，不论政权性质与组成如何，都必需以法律作为其运行的外部框架。因而，社会主义中国成立后约十年间，一度比较重视法制建设。[3]

─────────

　　〔1〕　在苏联和东欧一些社会主义国家纷纷解体，朝鲜等陷于严重的政治经济危机，而中国在坚持社会主义的前提下，政治经济各方面取得长足进步的对比中，自不难发现这一点。

　　〔2〕　新中国成立前夕，黄炎培等民主人士在延安曾与毛泽东就如何走出历史的怪圈进行了那场著名的探讨。黄炎培：《八十年来》，文史资料出版社1982年版，第148~149页。

　　〔3〕　董必武指出"建立新的政权，自然要创建法律、法令、规章、制度。我们把旧的打碎了，一定要创建新的。否则就是无政府主义"。《董必武政治法律文集》，法律出版社1986年版，第331~332页；起草1954年宪法时，中央为此专门成立了由毛泽东领导的包括胡乔木、田家英等在内的宪法起草小组，对草案进行七八次反复修改后又在全国范围内发起为期3个月、约1.5亿人参与的大讨论。逄先知：《新中国第一部宪法是怎样诞生的》，载《党的文献》2009年第6期，第116~117页。

从而迎来新中国第一次法制创建的小高潮。[1]

缺乏民众基础不仅是国民党失败的原因，也是近代以来各个民主政党和知识分子阶层百般探索却屡遭波折的主要原因之一。中国共产党革命胜利的法宝之一就是走群众路线，这不仅体现在政治路线上，在法制建设方面也有体现。新中国成立后，制定颁布了许多旨在保护工农利益的法律法规。例如，土地、婚姻等方面有着大量的立法创制。

从以上的叙述可以看出，社会主义中国成立后至十一届三中全会前，基于一系列主客观因素，中国共产党对于法治建设的核心要求是，法律和政治相结合，法律和国家治理相结合；同时，可以很明确地看到另一点就是，早在社会主义国家初期，我们党在领导人民建设社会主义国家，进行全面的社会主义改造的时候，就已经非常明确地意识到，党的领导与法治建设二者之间绝对不是非黑即白、非此即彼的关系，而是有共生共存的必要性以及可能性。

（二）法学家的立场

十一届三中全会前法治建设的曲折发展和法学家群体在这段时期作用也有很大关系。[2]

1. 法制建设的开拓者

按照自然代际、思想传承、学术风格、命运沉浮的综合标准，清末变法以来百年间的法学家群体可以划分为五代：第一代成型于清末民初。主要有沈家本、梁启超、严复、伍廷芳、

---

〔1〕 比较典型的有两方面：一是立法方面，有1954年《宪法》的制定颁布，以及《全国人民代表大会组织法》《国务院组织法》《人民法院组织法》《人民检察院组织法》《土地改革法》《婚姻法》《惩治贪污条例》等；二是在1952—1953年间进行了较大规模的"司法改革运动"。

〔2〕 本书所说的"法学家"，不仅指的是在大学和研究院所从事法学研究和教学的理论工作者，也包括司法实践部门的法律人。

王宠惠等。这些法学家们应该是属于开启了现代法学的大家；第二代人才济济，要么国学素养深厚，要么曾负笈海外。如王世杰、陈树德、杨鸿烈、钱端升、吴经熊、张君劢、丘汉平等；第三代有蔡枢衡、王伯琦、李浩培、倪征𣋠、王铁崖、韩德培等。在学养和成就上与第二代不遑多让；第四代是新中国成立前后出国、出道的一批学人。如江平、王名扬、谢怀栻等；第五代则多为恢复高考之后经高考入法学院系，在一段时期以后成长起来，现活跃于法学界的法学家们。综观这些法学家，虽然才情、术业、学养、成就各有不同，但在初期的法治建设过程中却都不同程度上发挥了应有的作用，为我国法治建设从萌芽到发展成熟、从简单疏漏到细致科学发挥了不可替代的历史作用。以近代法学家当中比较具有代表性的清末的沈家本为例。处身于几千年传承至今的封建王权、家族法和伦理法律化或曰法律伦理化的持续浸润，就其世界观和身份而言，无疑是传统的士大夫的世界观及其身份。但是，在面对着"三千年未有之大变局"之时，还是义无反顾地以"法制冰人"的姿态积极活跃在晚清的政治舞台上，希望以自己修订法律大臣的身份，通过持续不断的不懈努力，即一方面推崇和表彰"推明法理"的西方的系统化法治学说，积极援引相关理论学说和司法实践经验，以助推清末政府来有效地展开法政改革。另一方面，他又始终不忘强调，在此过程中一定要认真对待中国法律自身的宝贵经验与历史，将中华传统法制文化接续上新时代的发展洪流。作为新思想和新文化代表性人物的梁启超，极富学识与才情。在对新时代的法学认知方面也是可圈可点。被称为"中国近代法理学开山祖之一"是"中国现代法学之父"，[1]"是把中国人

---

〔1〕　喻中：《梁启超与中国现代法学的兴起》，中国人民大学出版社2019年版，引言第1页。

民从专制黑暗的 19 世纪导入巨变的 20 世纪的领航员之一"。[1] 在其经典的《中国法理学发达史论》一书中，从法之起因、法之语源，旧学派关于法的观念，到法治主义之发生等部分都有精彩论断。认为中国自己本土化的法理学完全发达阶段，肇始于中国传统时期的法家，但是，法家只能救一时之弊，难以真正解决中国传统社会内在的根本问题。因此，中国法理学很快由盛及衰。当今社会变迁前所未有，一方面是挑战，另一方面实为中国法学革新之大好时代。而要实现中国法学的大发展，必须深察中国民心，采集西人之长，惟适是求，大兴研究法理和法学之风，复兴中国法理学则指日可待。[2]

2. 法学传统的选择与延续

自 20 世纪初期沈家本和伍廷芳等第一代法学家们积极引介翻译西方法学著作、进行变法修律之后，中间经过二、三代法

---

[1] 范忠信：《梁启超与中国近代法理学的主题和特征》，载《法学评论》2001 年第 4 期，第 3 页。

[2] 但是，正如范忠信教授所指出"中国近代学术史是借用草创的历史，是百废待兴的历史。因旧的学说几乎一无是处，故一切都要借自泰西，一切都得重建再创，家中旧遗几乎无一可恃。'赶超西方列强'的历史紧迫感迫使我们如贫儿进了富室储藏库，见什么都觉得好，我们都缺，都想要。如是像猴子掰苞谷，只管往怀里夹，也不管放不放得住。什么都往嘴中塞，连品味道都来不及。近代法理学也是如是。梁启超正好反映了这一特征。他在法学领域，涉猎面广，无所不谈，法理学、法史学、宪法学、行政法学、国际法学，无不有论述（更不必说他广涉历史学、文学、哲学、宗教学、政治学、法学、经济学、社会学！）。他的法理学，几乎是无所不包，是各种部门法学科和理论法学科浅近知识的汇总。因其广博包容，所以根本就不可能在某一方面具体法理问题深入研究下去，甚至也无心深入下去。这种浮躁、沉不住气、什么都想要，正是中国近代法理学的特征之一。其他法学者在这方面的病症，也许显得比梁启超还要重。"范忠信：《梁启超与中国近代法理学的主题和特征》，载《法学评论》2001 年第 4 期，第 13 页。在我们看来，正是因为看到了这一点，今后真正的中国特色社会主义法学体系的建构任重而道远。中国特色社会主义法学体系的建构核心就在于，让法学"讲中国话"，解决中国问题。

学人薪火相传，20 世纪 30 年代初期已经初步建立起一个包含"代议制，国民主权原理，权力分立与权力监督、制约，依法行政，公民基本权利保障，法律面前人人平等，契约自由、契约神圣，民事权利平等，罪刑法定，无罪推定，律师辩护，法治主义"等要素和结构〔1〕的现代法治体系。当然，由于十一届三中全会以前曾经有过对法治建设的偏离，对法治思想资源及其具体实践有一定的认识偏差，没有能够很好地贯彻落实"取其精华去其糟粕"的法治建设方法。所以，法治体系及其理念曾一度式微。〔2〕不过，从制度以及可见的物质层面看来，法治建设虽然一度处于低谷，但是作为理念和意识的法治传统从来也没有间断。法学家们仍然围绕着法治建设的一些核心问题进行独立自由的探讨。不然的话，如何理解和解释十一届三中全会后一经解冻，法治事业就能够快速摆脱错误的政治倾向及其意识形态的束缚，恢复与构建得如此迅速、全面而且规范。如果事先没有理念和制度的延绵接续，就没有新时期法治建设如雨后春笋般地蓬勃发展，以及自上而下迅速而广泛的认同与渴求。在这个过程中，法学家功不可没。作为法律知识的传承者和法治理念的坚定的持守者，虽历经波折，但初衷不改。在历次关键性的时刻，法学家们都能够无所畏惧、畅所欲言，或助推、

---

〔1〕 何勤华：《论新中国法和法学的起步——以"废除国民党六法全书"与"司法改革运动"为线索》，载《中国法学》2009 年第 4 期，第 139 页；法学家们不仅在法治体系构建和理念传播方面有建树，在学科体系构建方面也蔚为大观。已经构建出以法理学、法史学、比较法学、法律社会学为核心的总论体系，以及以宪法、行政法、民法、刑法、诉讼法为主干的个论体系。何勤华：《中国近代法理学的诞生与成长》，载《中国法学》2005 年第 3 期，第 11~12 页。

〔2〕 何勤华教授将司法改革运动和"反右"运动期间受到批判和否定的一些法学观点理论做了系统整理，其中就有"法律面前人人平等""法不溯及既往""要法治不要人治""尊重法律程序"等对现代法治不可或缺的做法和理念。

或开启中国法治建设新局面。[1]以代际传承、整体推进的方式，五代法学家共同献身于中国文明新型法律智慧的创生与累积过程，以前赴后继之接力赛跑，将中华文明逐渐引向"法制中国"的跑道。

（三）人民立场

1. 人民概念的丰富内涵

行文至此，我们有必要分析一下我们通常所说的"人民"。首先，因为"人民"一词可以在很多场合下被使用，可以指称各种各样的群体，所以，如果没有进行仔细界定的话，难免显得内涵与外延均过于模糊含混，进而可以被不同群体在不同情况下做近乎任意的指称因而充满矛盾。其次，也是最重要的一点就是：人民在不同历史阶段以什么样的性质及其方式参与法治，与法治建设兴衰成败须臾相关。"人民"概念通常具有以下四种意涵：①作为国家和政府行使权力合法性来源的人民；②作为"公民"的人民；③马克思主义"阶级"视角下的人民；④群体与传统混合视角下的人民。

（1）作为国家和政府权力合法性来源的人民。在传统社会的封建王权结束之后，人民作为历史的真正主人开始在历史舞台上发挥其应该具有的作用。在我国，自清朝政府结束之后，民主和民权意识开始在社会中生根发芽，直至社会主义新中国成立之后，完整意义上的民主和民权真正得以实现和发展。从世界范围来看，启蒙运动以后，神权和王权退场，填补民族国

---

〔1〕 如李步云、王家福、郭道晖、江平、许崇德等一些亲历法治进程的老先生，在中国现代法治建设进程中都曾发挥过较大的影响和作用。李步云：《法治征程的足迹》，载《中国社会科学院大学学报》2008 年第 6 期，第 123～131 页；许崇德：《从参加宪法、基本法的起草看中国法学家的作用》，载《法律学习与研究》1992 年第 2 期，第 2～4 页；郭道晖：《法的时代挑战》，湖南人民出版社 2003 年版，第 832～834 页。

家政治合法性空间的就是民权。"众意"成为政治权力的来源，无论是激进、还是保守、抑或尝试第三条道路，都不可能在根本上反对这一点。或许因为一些具体原因，政府和国家的权力运用需要做必要的扩张，但不改变其来源于人民授权和让与的本质。毫无疑问，这已经成为现代政治、法律的一个共识。同时，也正因如此，世界范围内的绝大多数国家和政府在面对着这个不可逆转的民主潮流时，都以人民主权以及人民授权来论证其执政合法性。

（2）作为"公民"的人民。"公民"作为社会科学领域内一个"标准"概念，起源于古希腊理论，其后成为社会与政治思想的一个主题，主旨在于对抗和约束专制和暴政。自 16、17世纪资本主义和民族国家出现后，又获得诸如"人权""自然权利""平等保护"等内涵，并将其视为"公民身份"的必备要素，[1]以此将国家治国理政建立在民主的基础上。在近代以来的中国历史中，曾遭遇过封建皇权、军阀、国民党矫饰的法治、官僚主义等，当以人民的名义奋起和旧政权进行抗争时，公民与人民很自然地就融合了。

（3）马克思主义"阶级"视角下的人民。马克思理论中没有明确提出公民意义上的人民，因为诸如"自然权利""天赋人权"等资本主义国家法权理论中所说的公民意义上的人民、诸如此类虚幻的、不真实的概念，在以社会生活实践性为圭臬的马克思理论中没有存身之所。每个人都处于具体的经济和社会环境下，归属于某个阶级。人民不是国民全体，它创造历史并不断变化。抽象意义上的公民从来就不存在。人民因此是一个斗争性、政治性、阶级性的概念。

---

〔1〕［英］T. H. 马歇尔、安东尼·吉登斯等：《公民身份与社会阶级》，郭忠华、刘训练编，江苏人民出版社 2008 年版，第 8 页。

（4）群体与传统混合视角下的人民。前面三种都不是中国本土的概念，但这并不意味着中国没有，相反，自古以来中国政治哲学中也不乏此类。如《孟子·尽心下》中有"诸侯之宝三：土地、人民、政事"的语句。其中，"人"被表述为"仁也者，人也"。"民"的意义在于"民为贵，社稷次之，君为轻。是故得乎丘民而为天子"。[1]将这两个字合起来的话，就可以看出"人民"这个概念的作用在于提醒和警示君主施仁政，保民生。不过，其作用也仅限于此，因为着眼于道义经济和伦理，因而没能触及人民和君主之间关系的本质。二者之间向来是纵向权力关系，人民没有独立地位。君主是"天子""大家长"，官吏是"父母官""青天大老爷"，人民因而就是"子民""臣民""黔首""百姓"。所以，当封建王权轰然倒塌后，以孙中山为核心的革命党人很快就遇到一个以前全然没有过的麻烦，就是以何种模式和标准界限来划分和表述人民。为此经历了从狭隘的"华夷之辨"族类概念到"五族共和"国族等概念，再到"一元一体"中华民族概念的探索。但是，始终没有找到一个合适的概念基础。共产党人则另辟蹊径，以马克思主义阶级分析理论为基础，加上毛泽东式阶级分析思路，提出"群众"概念。[2]而且，"人民"和"群众"可以相互替代使用，如"全心全意为人民服务，一刻也不脱离群众"。[3]等。但是，这

---

〔1〕（清）焦循撰：《孟子正义》（上），沈文倬点校，中华书局1987年版，第973、977页。

〔2〕毛泽东：《关于领导方法的若干问题》，载《毛泽东选集》（第3卷），人民出版社1991年版，第899页；毛泽东：《切实执行十大政策》，载《毛泽东文集》（第3卷），人民出版社1996年版，第71页。

〔3〕毛泽东：《论联合政府》，载《毛泽东选集》（第3卷），人民出版社1991年版，第1094~1095页；毛泽东：《对晋绥日报编辑人员的谈话》，载《毛泽东选集》（第4卷），人民出版社1991年版，第1318页。

里所说的"人民群众"概念和观点是在中国共产党的政治伦理和社会主义基本道德规范的维度形成的，体现的主要是一种集体观念而非个体观念。现代法律的一个基本的出发点，是从个体化的法律权利义务角度来设计实证性法律体系，因此，现在的问题是，这种人民概念能否无障碍地适用于法律？这是一个需要继续探讨的问题，前述围绕人民在宪法中的适用和解释的模糊性即是一例，此外，其他部门法中大量使用的"公民"概念还需要和宪法中大量使用的"人民"概念进行学理上的衔接。不过，正因如此，我们极有可能会在另一种角度下，即有别于西方资本主义国家极端个人本位的维度上，将国家利益、集体利益和个体利益有机结合，创制具有中国特色社会主义法律思想及其实证性的法律体系。

2. 人民概念的再认知

以上是对"人民"概念的简单介绍，那么，十一届三中全会之前，人民具有何种身份？对法治建设有何影响？在笔者看来，此阶段的人民具有三重身份：①作为社会阶级的人民；②与国家和政府权力相辅相成的人民；③作为群众的人民。

（1）作为社会阶级的人民。早期的社会群体观是在残酷的敌我斗争政治情况下形成的。这是革命战争年代的客观必然。[1]作为阶级的人民不可能是全体国民，必须有所区分和依

---

〔1〕　在《中国社会各阶级的分析》开篇，毛泽东就旗帜鲜明地提出"谁是我们的敌人？谁是我们的朋友？这个问题是革命的首要问题"。表明这个立场后，紧接着就展开了对当时社会中各个阶级的分析。毛泽东：《中国社会各阶级的分析》，载《毛泽东选集》（第1卷），人民出版社1991年版，第3~9页；日本学者松井直之认为：新中国成立前制定的共同纲领中虽规定有人民权利，但和共产党在实际所能控制的地域内所制定的其他法律法规一样，是以政治状况为基础区分敌我来制定的。[日] 松井直之：《中華人民共和国における「公民の基本的権利」の保障》，载《横浜国際社会科学研究》第12卷第2号，第90页。

靠。区分出代表着腐朽落后势力的群体，依靠和争取代表着先进生产力的群体。无产阶级政党自然以工人阶级为核心，但由于中国的实际，还需要以农民阶级成为工人阶级坚定的同盟。这两个阶级是新中国成立后人民的主体。知识分子、民族工商业者具有摇摆性，改造后亦可视之为人民。除此之外，则不在人民队伍中。直至十一届三中全会之前，除了个别社会群体产生变化，这种人民观及其构成没有太大改变。十一届三中全会之后，在经过二十多年的社会主义改造，再加上一系列社会、经济条件的变化，整个社会范围内所呈现的态势及其发展主题也有很大变化，社会群体之间的经济关联日渐凸显，由此在社会关系当中产生出许多新型关系形式，出现许多新型群体关系。进而在人民群体当中呈现出的整体性特征就不再是原先的特征，更多呈现的是新型的社会公共领域中的结构性交往、互动、磋商而成的制度性关系。

（2）与国家和政府相辅相成的人民。在十一届三中全会前，尽管不同时期的政治生活主题分别有所侧重和变化，但是，历次宪法中都明确规定了人民主权原则，[1]这样一来，我们国家一开始就以明确的宪法的形式，旗帜鲜明地、从最根本的意义上明确了权力来源和依据。在自上而下建制性治理构造和全面社会建构的共同作用下，就是连最微观层面上的公共性事务的处理，

---

〔1〕 1954年《宪法》第1条规定："中华人民共和国是工人阶级领导的、以工农联盟为基础的人民民主国家。"第2条第1款规定："中华人民共和国的一切权力属于人民。人民行使权力的机关是全国人民代表大会和地方各级人民代表大会。"1975年《宪法》第1条规定："中华人民共和国是工人阶级领导的以工农联盟为基础的无产阶级专政的社会主义国家。"第3条第1款规定："中华人民共和国的一切权力属于人民。人民行使权力的机关，是以工农兵代表为主体的各级人民代表大会。"1978年《宪法》第1条规定："中华人民共和国是工人阶级领导的以工农联盟为基础的无产阶级专政的社会主义国家。"第3条第1款规定："中华人民共和国的一切权力属于人民。人民行使国家权力的机关，是全国人民代表大会和地方各级人民代表大会。"

都能够很清晰而有力地贯彻和体现出一切以人民利益为根本的执政思想。以上这些并没有只停留在理想化的、设计的层面，在社会主义国家建设的各个时期和各个方面都完整地体现出来。新中国成立后，为了实现国家快速发展，实现最大范围上广大民众的最大化利益，中共中央实施了工业化，以及对农民、工商业资本家和手工业者的改造，即"一化三改"政策。经过一阶段实施后，实现了经济上高度集中的同时，国家治理能力在此过程中也得到极大的发展和验证。

（3）作为群众的人民。随着社会治理范围和深度的扩展，一些公共权力机关越来越庞大臃肿，不仅缺乏灵活性，更重要的是官僚主义也随之严重起来。对于上述情形，中国共产党人不是没有警觉。早在新中国成立前夕，共产党人就已经有了比较明确的群众观念及其实施方法。[1]后经不断的丰富和发展，已经内化为中国共产党处理党群关系的一个主要准则和传统。群众概念不是静止的，包括三个方面，即群众观念、群众路线、群众运动。虽说这三个方面应该是一个统一整体，但在具体践行过程中，却各有不同。首先，观念意义上的群众可以为具体的实施提供方向。其次，具有实质意义和可操作性的是后两个方面，尤其是群众性标准的社会治理体系建构。这三个方面结合起来、灵活运用的话，可以为公共权力的行使提供明确的目

---

〔1〕 1945 年 4 月，毛泽东在七大上作了《论联合政府》报告，其提出："全心全意地为人民服务，一刻也不脱离群众；一切从人民的利益出发，而不是从个人和小集团的利益出发；向人民负责和向党的领导机关负责的一致性；这些就是我们的出发点。……教条主义、经验主义、命令主义、尾巴主义、宗派主义、官僚主义、骄傲自大的工作态度等项弊病之所以一定不好，一定要不得，如果什么人有了这类弊病一定要改正，就是因为它们脱离群众。"《毛泽东选集》（第 3 卷），人民出版社1991 年版，第 1094~1095 页；《关于领导方法的若干问题》一文提出："在我党的一切实际工作中，凡属正确的领导，必须是从群众中来，到群众中去。"《毛泽东选集》（第 3 卷），人民出版社 1991 年版，第 899 页。

标，我国社会治理历来的一个硬性标准就是看其符合不符合广大人民群众的根本利益。不仅如此，这还可以有效地监督公共权力的行使。

综合以上的分析可以看出，我国社会主义国家成立后至十一届三中全会前，人民虽说已经开始参与，但实际上还需要国家和政府进行有意识的积极引领。对于法治建设来说，这是法治国家建设的必经前置。当法治建设经过系统化的群众基础建设之后，大规模系统性的法治建设就可以进行，当前的中国特色社会主义法治国家建设的成就充分证明了这一点。

二、十一届三中全会至今

（一）走向"自为"的人民

十一届三中全会之前，主要是国家和政府在法治建设进程当中发挥着主导性作用。改革开放之后，在继续坚定不移地坚持党的核心地位和领导作用的前提下，基层民主化的氛围越来越浓厚。

每个国家在特定的历史阶段多多少少都会面临着一些危机与挑战。20世纪70年代中后期，东亚各国经济的快速增长，与国内几乎一成不变的计划经济之间形成巨大落差，国内人口增长、医疗健康、社会福利需求与有限供给日益尖锐等一系列来自国内外的矛盾让邓小平等国家领导人警醒起来，强烈意识到既有的"伦理经济"必须加以改变。改变的主要目标之一是实现社会主义市场经济，促进经济和社会的全面发展。虽然改变的方法、途径、力度在不同时期有所不同，[1]但是总体上的特点及其趋势是，国家和政府有意识、有计划地进行组织规划在国家治理体系方面进行科学调整和优化设置，实现"从总体性

---

〔1〕 王绍光：《大转型：1980年代以来中国的双向运动》，载《中国社会科学》2008年第1期，第131页。

支配到技术治理"[1]的转变。具体表现在中央政府向地方政府、地方各级政府逐步意识到国家和社会治理当中需要政府积极作为，从而极大地激发社会当中蕴藏的创造性力量。经过三十年左右的简政放权努力，民营经济得以壮大、社会当中所蕴藏的经济活力和创业组织成长起来、各种各样的适合社会主义市场经济发展的组织形式从无到有、公民经济和社会参与热情及其范围逐步扩大。这一切都在表明人民已经逐步开始以自觉的姿态参与到政治与社会各领域中来。

广大人民群众积极主动地参与到社会主义经济、政治、文化建设事业当中、充分发挥社会主义主人翁精神和自主性自然是好事，这说明我国社会主义国家的人民主权具有自明的合法性，同时充分证明国家和政府权力拥有及其行使的合法性及其题中应有之义。现在的问题是：在国家和政府从经济、社会、政治等领域进行简政放权，以充分激发广大人民群众进行社会主义建设的自主性和积极性，具体来说，广大人民群众是以什么样方式和途径获得自主参与意识的？在各个领域中，国家和政府进行简政放权，给人民群众以充分的自主性时，人民群众是怎么样积极而又有效地参与到创造性的中国特色社会主义建设事业中来的？在笔者看来，主要是通过以下三种途径：

1. 作为"公民"的人民

在中国特色社会主义建设事业中，具有自觉参与意识和自主性人民，首先表现为"公民"。

由于1978年开始的改革开放，促生公民的政治、经济、社会条件发生了较大变化，公民以及公民社会的特征越来越明显。如社会当中自发的、创造性的经济组织和经济形式的大量涌现，

---

〔1〕　渠敬东、周飞舟、应星：《从总体性支配到技术治理——基于中国30年改革经验的社会学分析》，载《中国社会科学》2009年第6期，第26页。

例如城市工商经济的经营组织改革、乡村社会当中的各种各样的农业创新组织形式等。此外，不同所有制经济组织的悄然改变、基层选举的蓬勃发展、法律对个体权利细致而周全的保护等，无不显示出这一特点。[1]无论是新兴行业、还是传统行业，都不同程度上获得了和以前在计划经济形势下不同的、更多的经营自主权，整个社会具有了较多的自主性和积极参与意识，当然，作为社会细胞的个人因此更具公民特征。[2]从我国宪法规定的详尽的、多样化的公民基本法律权利即可略见一斑。

2. 作为"秋菊"的人民

当代中国社会中，人民不仅具有"公民"这样的现代特征，同时还具有"秋菊"式的乡土特征。

我国社会主义国家和政府建立后至改革开放前近三十年的时间内，通过全体人民群众的不懈努力，在整个社会当中，我们不仅已经形成了"社会主义新传统"以及社会主义新型公民，而且更进一步加强了民众和传统之间的联系。后三十年的改革开放亦是如此。但是，由于许多客观因素，我们还处于社会主义发展阶段，很多的基层民众仍然还在以"秋菊"式"前现代"的目光打量这个现代世界。秋菊"是一个性格倔强的农村妇女、一个文化程度不高的人、一个法盲、一个基于朦朦胧胧的道德本能维护自己利益'讨个说法'的人"。[3]或许有人会

---

〔1〕 俞可平等：《中国公民社会的兴起与治理的变迁》，社会科学文献出版社2002年版，第196~203页。

〔2〕 但不能够说法律上已经确立了西方政治法律意义上的公民概念。因为直至1954年宪法中都没有有关公民的直接规定，法学界对此的解释是公民是具有中华人民共和国国籍的人。[日] 松井直之：《中華人民共和国における「公民の基本的権利」の保障》，载《横浜国際社会科学研究》第12卷第2号，第91页。

〔3〕 张浩：《法治的另一种可能性》，载《法制与社会发展》2016年第1期，第169页。

认为这种类型的秋菊并不能代表"穿梭于大都市中的白领、公务员、教授、企业家"，[1]而只在电影中或某个偏僻的小山村能够找到。不过，"当'邓玉娇案''刘涌案''挟尸要价''常回家看看入法''见死不救入刑'等类似案件和现象频频发生……我们才发现。我们在建设法治事业时面对的依然是原来的'秋菊'"。[2]所以，综合来看，在经过几十年的锐意进取、艰苦奋斗之后，我们已经取得了举世瞩目的成就，尤其是在经济发展方面，所取得的成就更是有目共睹。但是，从整个社会层面客观来看，我们目前的进步并不是每个方面都齐头并进、均衡共进，不同地域、不同领域之间还存在着发展上的不均衡现象。20世纪70年代中后期开始的改革开放，主要是促进经济快速发展，这是符合当时的形势和国内外总体状况的优化选择。在四十多年的改革开放以后，相应地，以法治建设为代表的国家和社会治理任务就摆在了我们面前。当前我们必须以法治建设为抓手，解决发展不均衡的矛盾。

3. "经济理性化"的人民

改革开放的设计者们在制度设计时，主张的涓滴效应（Trickling Down Effect）理论，是设计改革路线的主导性思想。这种思想的核心在于主要的制度设计围绕着如何快速有效地紧促经济发展、提供最大化的全民福祉来进行。因为经济的持续发展可以带动其他问题的解决，[3]所有人都可以从经济发展中获益。改革开放的三十年间，经济发展至上论已经成为社会的

---

〔1〕 张浩：《法治的另一种可能性》，载《法制与社会发展》2016年第1期，第169页。

〔2〕 张浩：《法治的另一种可能性》，载《法制与社会发展》2016年第1期，第169页。

〔3〕 王绍光：《大转型：1980年代以来中国的双向运动》，载《中国社会科学》2008年第1期，第131页。

共识，随之而来的是人们行为方式的转变，即以经济学上"理性人"的方式与他人打交道。

具有以上所述三种性质的人民的形成，对于法治建设来说具有两面性。从独立自主的、积极的角度来说，这三种性质都意味着人民主体性地位的形成：公民以及公民社会的形成原本就是和国家政府相辅相成的；作为"秋菊"的人民也只有在"国家化"的语境下才得以凸显；作为不同领域的人民是国家权力在经济领域调整后必然结果；经济理性化的人们不仅反映了市场经济发展的一面，同时也反映出人们对传统道德规范的放弃。在这些因素的共同性作用下，无论上从顶层的制度设计，还是基层的选举和参与，都需要在法治化环境下进行进一步的调整，从而为法治建设夯下牢固的群众基础。

在具体的法治化调整过程中，有一些问题需要予以重视，具体表现在以下几个方面：首先，不能照搬照抄西方政治和法律理论，要辩证看待和引进。例如，以西方资本主义公民理论和实践为逻辑理路和适用方案的话，很容易得出形式主义法治结论。[1]而这些因历史和社会基础、国情等方面存在差异，从而不能够在当下的法治建设中予以简单适用；其次，要破除诸如"司法公信力不足""司法权威性欠缺""判决与民意有差异""民众缺乏法律信仰"等问题，进而使法治

---

[1] 在王绍光看来，公民以及公民社会的概念是如此混乱，以至于它"不是一个概念，而是一个曾被不同的思想家用来指不同的东西的名词"。王绍光：《安邦之道：国家转型的目标与途径》，生活·读书·新知三联书店2007年版，第408页。既然公民是一个谁都能代表但是谁都代表不了的名词，那它显然就是同质性群体的神话。王绍光：《社会建设的方向："公民社会"还是人民社会?》，载《开放时代》2014年第6期。与这种匿名的、同质性的公民社会相契合的法治理论就必然是不关涉主权问题、高度形式化的。然而，这种法治理论正是我们现在需要警惕的。张浩：《法治的另一种可能性》，载《法制与社会发展》2016年第1期，第167页。

建设有效进行。虽然具体表现形式不同，但是可以发现这些问题中的主要矛盾在于，一般民众和专业法律群体之间有着很多理解和认知上的差异。作为"秋菊"的民众较多基于习惯、风俗、地方性知识来理解和接受法律；同时，利益出发点不同，利益主张也不同，导致对法律的希望和诉求也不同。从而，如何对待和处理"法民关系"成为法治建设中一个核心性问题。[1]最后，经济理性化的人民对法治提出了较高的要求。中国社会主义国家成立之后，积极推进斩断旧的封建思想影响以塑造社会主义新人的伟大社会工程。现在来看，已经在全社会范围内树立了较为稳定的社会主义核心价值观。但是，在推进的过程中，由于经济理性的浸润，无论是个体还是整个社会的思想资源以及行为准则中对于传统的一些思想资源没有予以充分的重视，对于应当继承和坚持的优秀中华文化的普及有所欠缺，从而在一段时期内给一些不适当的思想风气留下空间。这样一来，就决定了当前的法治建设不能仅着眼于形式法律体系的构建以及规范的教义解释和推理，必须有效回应当下社会中出现的道德问题，以规范的形式将其内化于立法和司法全过程。

（二）法学家立场

1978 年底十一届三中全会的召开，意味着中国法治建设在历经波折后迎来了一个重新出发的契机。此后的三十年的法治建设过程中，法律人功不可没。首先，是观念上的正本清源。1978 年 12 月 6 日，李步云教授在《人民日报》上发表《坚持公民在法律上的一律平等》一文，首开"文革"后法治之先声。吴大英

---

〔1〕凌斌：《当代中国法治实践中的"法民关系"》，载《中国社会科学》2013 年第 1 期，第 151~166 页。

和刘翰、[1]孙国华、[2]张文显、[3]刘惊海、[4]郭道晖、[5]刘金国[6]等一大批法学家也纷纷撰文为新时期的法治建设鼓与呼；其次，是学术研究的持续深入。这可从历年来所争议的法学问题中略见一斑；[7]再次，在法学教育上也成就斐然，现活跃于法治建设舞台上的法律中坚力量大多是从这一时期开始，然后一代一代成长起来的；[8]最后，司法制度以及司法队伍也逐渐恢复和完善，从实践领域保障了法治建设有效进行。[9]尤其是党的十八届四中全会系统、全面、提出中国特色社会主义法治体系的建构以及法治道路发展方向等问题以后，一个普遍性的认识是，法律人的春天来了。事实也确实如此，法学家们在整个社会生活中逐渐处于核心位置，聚焦了越来越多的目光关注。从频繁出现在今日说法的点评、法律讲堂

---

　　[1]　吴大英、刘翰：《正确认识人治与法治的问题》，载《人民日报》1980 年 3 月 21 日。

　　[2]　孙国华：《法制与法治不应混同》，载《中国法学》1993 年第 3 期，第 44~47 页。

　　[3]　张文显：《中国步入法治社会的必由之路》，载《中国社会科学》1989 年第 2 期，第 181~194 页。

　　[4]　刘惊海：《界定"法治"与"法制"——一个实践的要求》，载《吉林大学社会科学学报》1993 年第 3 期，第 29~36 页。

　　[5]　郭道晖：《法治：从蒙昧到觉醒的五十年》，载氏著：《法的时代挑战》，湖南人民出版社 2003 年版，第 31~79 页。

　　[6]　刘金国：《略论法制与法治》，载《政法论坛》1993 年第 1 期，第 7~14 页。

　　[7]　表 7 以及韩述之主编：《社会科学争鸣大系　政治学·法学卷》，上海人民出版社 1991 年版；蒋传光：《新中国法治简史》，人民出版社 2011 年版，第 139~156 页。

　　[8]　蔡定剑：《历史与变革——新中国法制建设的历程》，中国政法大学出版社 1999 年版，第 211~214 页；

　　[9]　蔡定剑：《历史与变革——新中国法制建设的历程》，中国政法大学出版社 1999 年版，第 179~198 页；蒋传光等：《新中国法治简史》，人民出版社 2011 年版，第 106 ~ 129 页；YuHua Wang：Tying the Autocrat's Hands：The Rise of Law in China，Cambridge University Press，2015，pp. 57~58.

的开讲、普法活动的推介、送法下乡的参与等，法学家以各种方式努力地向国家、政府以及社会各个群体传播、介绍法治精神和法律知识。可以说，如果没有法学家群体在各个方面不遗余力地工作，法治建设不可能在这四十年间取得如此丰硕的成果。

法学家适当的还是要具有一些超越性品格，以之在多元化社会格局中始终保持超然、中立、无偏私的立场。当下中国社会已经不再是古代社会由政治权力塑造和捏合起来的同质化社会，人民群众中存在着多元的利益诉求和不同的群体。所以，法学家在塑造自己的形象时，也同时要记得自己原来的位置。在进行法学研究时，要注意学科的传承和体系的完善。一个社会中必要的时候是需要启蒙的。这种启蒙需要有本有源，可以理论先行，可以译介西方法治，但终须回到社会实际中进行不断地检验、凝练，再检验、再凝练。同时，最主要的一点是：如何把党在社会主义国家中的领导地位、卓越的领导能力通过法治化的方式体现出来，这个过程就是法学家、人民群众、中国共产党之间共筑法治事业的应有状态。

（三）中国共产党的立场

中国共产党是人民的政党，代表着全体人民的最大化利益，这已经被这个近代以来的纷繁复杂的历史和不断发生的事实一次次地证明。需要注意的是，虽然有着这种根本性质的强有力的保证，但是，在不断发展的社会环境中，会涌现出许许多多新情况新问题来一次次地考验执政党的执政能力，这就需要执政党不断地适应新情况新问题，进行不断的调整。既然中国共产党始终如一、坚定不移地以人民群众的根本利益为执政基础，坚持"江山就是人民、人民就是江山"的明确的人民群众路线，那么，人民群众的根本利益需求发生转变后，我们党的执政方略也要进行相应的调整和转变。如前所述，改革开放前人民群众的形象和改革开放后有着较大不同，而且超出了一般意义上的人民群众的概念。这说明我们党的执政方略的转变势在必行，而且在很多情况下没有前例。转变是多方面的，但核心问题只有一个，就是如何在新时期新形势下更好地为最广大人民群众的最根本利益服务。

新中国成立初期至改革开放前，总体社会环境较为简单，但是，随着社会发展日益复杂化和多元化。现在来看，如何更好地为最广大人民群众的最根本利益服务，这是一个需要认真仔细加以分析和对待的事情。经济改革与开放所带来的效果，在一些方面已经超出其设计者当初设计的范围，但是，问题的出现，正好给了我们党和政府在新问题、新形势、新情况下进一步调整和优化治国理政的新的契机。经由这些契机，正好进行其他领域的综合的转变与改革，从而实现社会发展的整体性均衡，进一步展现中国特色社会主义制度的优越性。

当前，需要在以往的群众运动、政治宣传教育、典型示范、核心价值观的凝练与普及等方法之外，积极探索实践新的治国理政方略。国家和政府在新时期的治国理政过程中要进行新的调整，首要的是改变简单直接的管理方法，进行适当的调整与适应。不过，需要注意的是，之所以说调整与适应，意味着两方面内容和做法：一方面是国家和政府在行使管理职能时需要谦抑、规范、有所为有所不为；另一方面来看，无论是调整还是调适都绝不意味着放任不管。相反，从当下的国际环境和国内局势来看，都需要我们党坚定不移地长期执政，需要各级政府积极有为，基于这两方面的要求，比较理想的治理方法就是法治。[1]

　　不过，在实行法治的过程中，结合以上所说，需要注意以下两个问题。首先，国家和政府在新时期治国理政方略的新变化与法治方略的兴起之间不是对立的关系，正好相反，在各个领域各项事业中坚定不移地坚持党的领导和积极不懈地全面推进社会主义法治建设是一体两面。在当下中国社会中，法治尚在建设，传统的伦理法影响尚在，所以，应当分步骤先进行形式法治构建，待各方面条件成熟后，再来讨论党与法之间关系此类实质性问题。这种思想已经在法学界有一定的表现，如"教义法学和社科法学之争""政治宪法学与规范宪法学之争"、民法中"解释论"和"立法论"的区别、刑法中对"刑法教义学"的强调等。

　　不过，这种想法并不可取。其错误在于无视现实的理想主义，以及简单的拿来主义。作为一个法律人，可能每个人内心深处都有着教义法学的梦想。但在当前中国社会，仅仅就规则谈规则不仅不会解决问题，还会带来更多麻烦。单纯的规则之治很容易引发和扩大社会不公，转型期中国社会的复杂性不可能被任何一个形式化的规则体系所包含和解释。因而，当前的法治建设必须面对实质性的政治问题。基于当前比较复杂严峻的国内外形势，中国共产党的长期执政不可或缺。近代以来的历史明确证明了"中国共产党是现代中国历史的核心"。[2]因此，大多数的社会与政治问题都和党的执政有关，法治问题自

---

　　[1]　可能和法学家对于构建法治体系的目的有所不同，我们党在践行法治过程中还有其他的原因和目的，但不能否认的是，在结果上法治建设的局面因此大为改观。Shiping Zheng, *Party vs. State in Post-1949 China*, Cambridge University Press, 1997, pp. 162~165.
　　[2]　Richard Mc Gregor, *The Party: The Secret World of China's Communist Rulers*, Harper Collins Publishers, 2010, p. 18.

然不会例外。同时，如前所述，新时期党的合法性重塑和对社会的有效治理也要通过法治途径。党与法之间就这样自然地走到一起，展开齐头并进的相互构建过程，而不是孰先孰后、孰轻孰重。[1]其中，由于人民群众在法治建设中的基础性地位，所以，将这几个方面的情况和要求汇集起来，当前法治建设的合理的结构以及推进方式就是：将党的群众路线有机地融入法治建设中，走一条具有中国特色社会主义法治建设道路。在此过程中，人民群众、中国共产党、法学家群体不能再自说自话，而是相互影响、各自发挥自己独特的作用和影响，相辅相成、共同参与中国特色社会主义法治建设这项伟大的社会工程。

综合以上的论述和分析，我们可以得出这样四个结论：

第一，虽经历了一些曲折，但如今中国法治建设已经走上了一条理性、正常的发展道路。因为理性的、正常的法治模式既不可能是纯粹的观念的产物，也不可能由形式化法律权利义务中诞生出来，而且还要有坚实的民众基础。在历史实践中表现为具有不同利益主张、思想背景的群体之间有序、均衡的协商、妥协、合作与博弈。如前所述，虽然还存在着这样那样的问题，但是，在当前我们的法治建设过程中已经具备了多元化的群体，且形成了比较有序和均衡的结构和机制。因此，有理由对其今后的发展充满信心、保持乐观态度。

第二，人民、只有人民，才是法治建设的最终依据和目标。但由于人民涵义的多元化和复杂性，其福祉需要在法治所架构的多元主体互动、有序的场域中才能更有效地被实现。

第三，法治建设没有一成不变的模式和固定的标本。这种

---

[1] 这充分体现出当前中共中央关于法治建设的思路，即将权力关进制度的笼子里，在法治建设中实现党的建设和有效国家治理，同时，党的建设又为法治建设提供稳定的外部环境和必要的路线指引。

不同历史时期不同群体之间互动的中国法治形成和发展模式，可以从另一个侧面深化我们对法治本质的认识。这也是我们坚持走具有中国特色社会主义法治道路的理论自信的来源。

第四，当前以至今后很长一段时间内，中国特色社会主义法治建设的具体进路就是：党在执政过程中推行全面的法治化，法学家提供智力和理论支持，二者都以人民群众的利益为宗旨，在推行法治的过程中有机整合群众路线。

第六章

新乡贤参与乡村基层社会治理
法治化的经济维度

  新乡贤参与乡村基层社会治理还需要从当前乡村基层社会经济基础、经济结构、要素变化和重新组合等经济因素角度来予以分析。其中,"三变"政策是一个绕不过去的话题。

  当前中央和地方政府大力推行的"资源变资产、资金变股金、农民变股东"的"三变"政策,通常被理解为是以农村经济和产业要素转变来建构统一要素市场、以现代规范性公司化操作来整合农村零散资源,以解决乡村振兴、农业供给侧改革和扶贫开发中低效等问题。但是,效率问题有可能会解决,却不能完全解决乡村社会中多元复杂的社会问题。目前来看,解决这些问题总的思路是要施行法治。在资源变资产方面,做好土地流转时的权利划分、赋予进城务工农民市民权;在资金变股金方面,依照公司法进行规范的公司管理的同时,必要时启用"公司人格否认制度"和对大股东运用"控制股东诚信义务"等法律手段,维护集体和农民资金安全并保障其资金收益权利的实现。在农民变股东方面,以公司法中公司治理结构为框架,结合农民观念特征、股权结构、金融证券市场现状等因素,建立起国家股东的模糊治理和多边治理结构双重体系,以确保农民股东权利和乡村振兴等目标的实现。

  在中央扶贫开发工作会议上,习近平总书记强调"要通过改革创新，让贫困地区的土地、劳动力、资产、自然风光等要素活起来。让资源变资产、资金变股金、农民变股东，让绿水青山变金山银山"。[1]2017 年中央一号文件也提出"从实际出发探索发展集体经济有效途径，鼓励地方开展资源变资产、资金变股金、农民变股东等改革，增强集体经济发展活力和实力"。[2]其中"资源变资产、资金变股金、农民变股东"被简称为"三变"。"三变"的提出为当前乡村振兴战略和农业供给侧结构性改革提出了目标和方法，是我们当下以及今后很长一段时期农村工作的方向。但同时要清楚地意识到，习近平总书记的指示和中央文件精神是从大的战略布局的高度做出的，是总的方向指引。但在什么样的情境中变？当前和今后会遇到哪些实际困难？实际上会不会产生异变？这些问题需要我们做进一步的具体分析。

第一节　资源怎样变资产

资源一般指的是"生产资料、生活资料的天然来源"。[3]从理论和实际来看，当前农村资源主要有三类：第一类，农村集体所有的土地、森林、山岭、草原、山地、滩涂等生产资料。根据我国宪法、土地法、林业法等相关法律法规，农村集体土地、法律规定属于集体所有的森林、山岭、草原、山地、滩涂等都是农村资源。第二类，农村劳动力资源。从户籍登记来看，现今具有农业户籍人口 9 亿人左右，其中有 3 亿左右进

---

〔1〕《习近平谈扶贫》，载 cpc.people.com.cn/n1/2018/0829/c64094-30257236.html，最后访问时间：2018 年 11 月 15 日。

〔2〕2017 年中央一号文件《关于深入推进农业供给侧改革　加快培育农业农村新发展新动能的若干意见》。

〔3〕夏征农、陈至立主编：《辞海》（第 6 版），上海辞书出版社 2010 年版，第 3052 页。

城务工农民，这是一个巨大但是效益实现率并不高的资源。[1]
第三类，自然风景。习近平总书记不止一次说到"绿水青山
就是金山银山"。"绿水青山"指的是因"山青水绿"而形
成的优美风景。随着人们生活水平的提高和旅游业的发展，
这也成为农村重要资源之一。在当前，这三类资源都还没有
进行充分的市场化操作。

所谓资产，即"'负债'的对称的会计要素之一。指某一主
体由于过去的交易或事项而获得或控制的可预期的未来经济利
益。包括各种财产、债权和其他权利"。[2]具有两个特征：一是
不再处于"天然"状态，其形成和性质必须处于交易和关系结
构中才能产生并存在，并随着交易方式、关系结构的复杂化而
具有更多种类；二是具备在市场交易中获利和增值的要素、结
构、功能和目的。

从上面所说的定义及其转换来看，农村资源变资产主要意
味着从自然要素到市场要素的转变，这既符合农业经济发展的
内在规律，[3]又契合于当前中国农村现状。[4]因此带来的益处

---

[1] 据国家统计局发布的 2015 年国民经济和社会发展统计公报，2015 年底，全国总人口 13.7 亿人，城镇常住人口 7.7 亿人。

[2] 夏征农、陈至立主编：《辞海》（第 6 版），上海辞书出版社 2010 年版，第 3052 页。

[3] 美国著名发展经济学专家西奥多·W. 舒尔茨认为"一旦传统农业已经确立，他是一种长期的均衡状态，不容易发生变化呢？还是暂时的均衡状态？在考察这一问题时，首先考虑除了技术状况和偏好状况的变化以外的因素是合理的"。参见〔美〕西奥多·W. 舒尔茨：《改造传统农业》，梁小民译，商务印书馆 2006 年版，第 25~26 页。

[4] 我国著名发展经济学家张培刚认为，城乡二元经济结构模式是我国长期以来形成的主要经济结构特点。该模式能否在现代成功转型，在于能否改造传统农业。而"所谓传统农业改造，就是指传统的农业生产要素组合方式发生变化，从而产生实现农业技术进步的经济效益的过程"。参见张培刚主编：《新发展经济学》，河南人民出版社 1992 年版，第 284 页。

是促进农业规模经营、促进农业深加工、提高农产品附加值、提高农业的技术含量、促进乡村旅游提高农民收入等。但我们不能仅仅做这样的化约。在讨论时应该注意两个前提：第一是在什么样背景下农村土地、劳动力等资源才可能转变为资产；第二是分开讨论不同类型资源转变为资产的方法。之所以首先要讨论资源变资产的背景，在于改革开放前，农村资源基本上不具备转变成资产的可能性。格尔兹和黄宗智所提出的"内卷化"概念很好地解释了这一现象的成因。

一、集体土地等自然资源怎样变资产

直至 20 世纪 90 年代初期，我国农村集体土地和劳动力等都不具备资产化的条件。这和长期以来人口过剩以及土地等资源紧张有关。在人口过剩和土地等资源紧张的双重压力下，以"劳动边际报酬递减的代价换取农业生产的劳动密集化"[1]为核心特征的小农经济长期占据支配地位。这种小农经济的"内卷化"弱化了农村社会分化，并且自我复制能力极强，因此，在这种模式下，劳动力和土地等资源从来不会被释放出来成为流动性的市场化资产。直至现在，集体土地和劳动力等转变为资产的契机仍然不是对这种"内卷化"的纾解，而是起因于城市化（城镇化）给农村带来的影响。改革开放后，农业人口自发地向城市转移，劳动力成为可交换的资产。同时，乡村中人多地少、资源紧张的状况产生了很大改变。农业人口向城市转移的同时，也转移了庞大的农业人口对农村资源的压力，基本结束了内卷化小农经济发展，从而为土地等农村资源变资产创造了条件。

---

〔1〕〔美〕黄宗智：《华北的小农经济与社会变迁》，中华书局 1986 年版，第 65 页。

近年来，一些地方随着城乡居民消费水平的提高出现了庞大的乡村旅游市场需求。因此，从政府到民间都认为当下应积极规划、开发、整合乡村旅游资源。不过实行什么样资源变资产模式需要进一步分析。美国工业化大农场模式和日本"小而精"现代化这两种模式通常被认为是模范。美国模式之所以被称道，是因为其远较其他模式较高的单位劳动力产出量。但这是因为其人多地少。单位劳动力可以较多用地。而单位面积上使用劳动力较少，单位劳动力产量自然就高。我国相反是人多地少，所以美国模式不适用。日本模式看起来和我们比较相像，都是地少人多情况下的精耕细作模式。但不同之处在于其单位资源上劳动力使用也比较少，农业机械化及其自动化程度高。这是因为其工商业发达，能够吸纳绝大部分国民就业。美国和日本在 20 世纪 70 年代左右就完成了产业转型和城市化转型，不仅农业机械化程度较高，土地等自然资源已经市场要素化。而我国现在正在产业和城市化转型的路途上，目前看来城市虽然吸纳了众多农村人口，但是，这只是一种浅层次上的、暂时性的吸纳。首先，9 亿农民只有 3 亿进城务工，其次，制度上也不配套，进城务工农民不享有市民权利，在社会保险、医疗、子女上学就医等方面都保障不足，从而始终不能够真正进城。[1]所以，资源市场要素化就不能搞一刀切。笔者认为，在庞大的农村人口不能够被工商社会和城市吸纳之前，集体土地等自然资

---

〔1〕 在对南亚的六个国家进行考察后，冈纳·缪尔达尔认为"抽调农业剩余人员将其转移到工业中去以扩张经济的说法，是文不对题的。即使根据最乐观的计算，在最近几十年里，工业也只能吸收人口自然增长的一小部分。实际上，所谓的剩余人员必须依然从事农业，经济进步的基础必须由农业生产的集约化来奠定"。而且，"如果进行了重要的制度和态度的改变，农业的高度集约化应该是可能的"。参见〔瑞典〕冈纳·缪尔达尔：《亚洲的戏剧：对一些国家贫困问题的研究》，谭力文、张卫东译，北京经济学院出版社 1992 年版，第 51、52 页。

源首先是其生存的必要保障，是维持其家庭生活和再生产劳动力的基本资源。所以，在现阶段尤其是中西部地区的大部分农村，当资源仅仅是作为基本必需品时，应当谨慎地有选择地进行资产化转变。目前来看，虽然尚未达到较高和较普遍的农业机械化及其自动化水平，但是已有的条件已经不需要单位面积上投入较多劳动力，除了进城务工的 3 亿农民以外，实际上还有大量的农村剩余劳动力，其中有很多还是老人、孩子、妇女。土地等资源在他们手中以粗放和原始的方式经营着，以维持基本生活所需，虽然资源利用率较低，但是除此之外这部分人口基本上没有其他谋生资源。再加上进城务工农民难以真正融入城市，随时有回乡务农的可能，[1]所以，当前在进行集体土地等自然资源变资产的过程中，一方面要充分开发利用这些闲置或半闲置资源，增加农民收入和集体收入。因此，引入城市工商资本、进行规模化、集约化农业生产势在必行。另一方面，不能搞一刀切，不能搞完全的市场化和资本化运作。在资本下乡过程中需要进行积极的政策引导和严格的准入监管，防止在不受约束的情况下资本占据优势地位从而对农民和集体利益造成侵害。因此，在资源变资产时需要注意三个方面：其一，要严格界定和保护农民和村集体的资产权益，明确资产权利归属，因为这是资源变资产后农民获取利益的主要渠道；其二，逐步推行城乡一体化的医疗、养老、社会保险和福利改革，解决资源变资产后农民的基本生活保障问题；其三，逐步打破计划经济时代的城乡二元化治理模式，赋予进城务工农民市民权，使

---

[1]　第一代和第二代进城务工农民现在绝大多数已经回乡。第三代和第四代虽身处城市，但处于奋斗和彷徨之间，回不回乡目前看来具有很大的不确定性，但是如果外部条件不改变的话回乡的可能性很大。第五代进城务工农民虽然在心理上对城市生活心向往之，但是基本上还是欠缺在城市扎根下来的主客观条件。

得进城务工农民能够真正融入城市，促使农村劳动力和土地等资源变为资产得以顺利进行。

二、农村劳动力资源怎样变资产

对于农村劳动力资源变资产问题，需要回答以下三个问题：

（1）劳动力资源能否变成资产？按照理论上的定义，资产的具象化是各种财产、债权和其他权利。而劳动力资源的具象化是人身。资产的核心和所欲实现的目的是一种对象化的可控制可预期的未来经济利益。而劳动力资源却是一种在身性权利，核心目的在于谋求自身福祉。这种福祉可以借助各种资产来实现，当然，也可以将人身作为一种资产来获取福祉。但是，人身可以被资产化并不意味着可以被客体化。必须是主体为了实现自身福祉目的而对人身的自由支配。并且要接受道德和伦理标准的约束；所以，这是一种"自我主权式"的资产化。其特征有两个方面：一是权利的自身性和自主性；二是对权利的道德约束性。这种约束既体现为国家与社会必须保障该权利的享有和行使，又体现为即使是权利主体也不能够将人身客体化。

（2）这种"自我主权式"资产化在实际政治和社会生活中是如何转变和实现的？通过对新中国成立后至今的实际情况进行总结，我们发现，以1978~1980年这段时间为分水岭，中国社会实现了较大转变。[1]1978年之前国家和政府通过计划安排实现农村劳动力资源的国家资产化。1980年之后则通过市场化途径实现农村劳动力资源个人资本化的转变：一是，国家通过总体的制度安排和政策指引来实现劳动力资源变资产。新中国

---

〔1〕 Alvin Y. So, *Globalization and China*: *From Neoliberal Capitalism to State Developmentalism in East Asia*, In Berch Berberoglu edited, *Globalization in the 21st Century*: *Labor*, *Capital*, *and the State on a World Scale*, Palgrave Macmillan Press, p. 146.

成立后至 1978 年之前，通过户籍、土地使用权分配、农业税费等一整套制度和政策，农村劳动力资源的价值和效能被有计划地安排实现。虽然比较低效，但这是由当时效能产出环境和总体的包括城市劳动力价值条件下自然的适应和选择结果。这样一来，实际上国家规划实施了农村劳动力资源的国家资产化。即以国家为所有权主体对农民（也包括城市工人）行使劳动力所有权。[1]既然国家获得了劳动力所有权、担起了对农民的责任，并且到 2006 年之前国家还一直以收取农业税费的形式获取农业劳动力的资产性收益。那么，国家和政府就应该承担相应的义务，付出一定的对价。对此，国家主要是以分配土地和其他自然资源使用权的方式进行的，但是这仍然是以收取农业税费为对价的有偿分配。[2]从而是一种劳动力资源和土地等资源混合在一起的资产化及其运用。土地等资源因为是有偿使用的，所以不能够解除农村劳动力资源国家资产化后国家应负担的责任和义务。而且这种做法还是回避了垄断劳动力所有权之后应该履行的义务。但直到近些年，农民在医疗、养老、社会保险和福利等方面基本上都是自行解决的；二是，农民自己自发地通过个体的市场化选择与交换实现资源变资本。改革开放后，随着"社会主义市场经济"的推进，国家逐渐放松对农业劳动力资源的管理，劳动力资源管理和效能转化成为农民自己做主的事情。随后农业税费的取消使得这种做法看起来更有理由。劳动力资源支配权交还到农民手中后，由国家所有的资产转变

---

〔1〕　就其性质来看，这不是法律意义上的权利，而是政治性公共所有权。因而其权利逻辑和结构都和法律权利不太一样。在计划经济向市场社会主义转变的过程中各自结果也不同——Alvin Y. So, *Globalization and China: From Neoliberal Capitalism to State Developmentalism in East Asia*, In Berch Berberoglu edited, *Globalization in the 21st Century: Labor, Capital, and the State on a World Scale*, Palgrave Macmillan Press, pp. 133~144.

〔2〕　因为征收农业税费是以每家每户实际分配到的土地面积为计算单位。

成为农民个人的资本，农民以此参与市场经济活动。但危机也随之而来。由于个体农民的分散性以及在资金、技术等方面的欠缺，劳动力资本一旦被整合进整个资本的循环过程中就难免遇到各种困境。这一点马克思主义政治经济学理论已经说得足够清楚，当前现实中也有很多的例子，主要表现在两个方面：一是农民工进城后，在工作、生活和子女上学等方面碰到的一系列的困难；二是资本下乡后的掠夺。农民作为相对弱势的个体和一个松散的群体，除了劳动力资本以外，没有与城市工商资本抗衡的优势。所以，适应工商社会发展的需求而放弃农业劳动力资本国家化本身没问题，但是不能够因此免除国家对农民的保护义务，国家必须为农民建立起与当下经济社会发展水平相适应的社会保险和福利体系，农村劳动力资源变资产的转变才能进行下去。

（3）农村劳动力资源变资产应当怎样实施？从上面的分析来看，国家为农民建立相应的社会保险和福利体系应为题中应有之义。不过，如果我们进一步分析就会发现，与其强调国家保护义务，不如强调对农民法律权利的赋予和保护。其优点在于：一是矫正劳动力资源国家所有权和个人资本化的偏差；二是架构起一个权利义务空间，符合依法治国建设要求；三是促进效率与公平，在农民与城市工商资本之间形成利益共享、合理分配与基本保障有机协调的机制。如果要体现这些优点，需要从多维的视角予以透视和构建。一是从国家与农民的角度来看。通过法律权利的架构，合理确定权责关系、明确各级政府权力清单、凸显行政法治的应为和不为，一定程度上可以克服劳动力资源国家所有权和个人资本化所带来的弊端。同时，也不会造成权力滥用，给市场经济发展带来不必要的行政干扰。二是从城市工商资本与农民之间关系的角度来看。以明确稳定的法律权利义务规定来理顺和规范双方责、权、利关系，使得资本下乡有信心、有方向、有底线。农民参与和付出时能获益、有保障。三是从进城务工农民的角度来看。进城务工农民在进城之后的际遇体现了劳动力资源个人资本化的后果。为此，需要赋予其市民权以搭建合理的农村劳动力资源变资产的平台。体现在不因户籍和身份而被区别对待，以及在工作机会、养老保险、社会福利、子女教育等方面和所在城市的市民享有同等的权利、承担同等的义务。

三、农村自然风景怎样变资产

让绿水青山早日变成金山银山。尤其是政府方面，更是强调"鼓励引导社会资本参与乡村旅游发展建设"。要各部门"创新社会资本参与方式。鼓励和引导民间投资通过 PPP、公建民营等方式参与有一定收益的乡村基础设施建设和运营"。[1]不过，对于乡村旅游资源的开发不能搞一刀切，需要具体来看。

和土地、森林、山地等资源不同的是，自然风景依附于这些资源之上，又超出这些资源范畴；既可能是由单一资源构成，也可能是由复合资源构成；有的仅包括自然因素，有的还包括历史的、地方文化因素。而且，大多数还需要经过城市工商资本对其进行开发、包装、管理、运作后，才具备资产的性质和市场盈利可能性。然而在开发、管理、利益分享时存在很多制度盲区，从而会影响这种转变的顺利进行。例如：在旅游资源跨集体所有，工商资本和资源集体所有者联合开发，以及旅游产品延伸、转化等深度开发等情况下，如何界定资产所有权及

---

〔1〕　国家发改委、财政部等：《关于印发〈促进乡村旅游发展提质升级行动方案（2018—2020 年）〉的通知》。

其利益分配？包含历史和地方文化因素的自然风景开发运营时，怎样确定世居居民的资产份额？因为没有具体的制度规定，诸如掠夺性开发、违规开发、擅自改变开发用途、农民、乡村集体和世居居民在决策和管理过程中被边缘化，甚至没有享有乡村自然资源变资产后所带来的应有利益。

此外，乡村自然风景在变为资产是有地域限制的。如前所述，乡村自然风景在变为资产时需要庞大的旅游市场做支撑，这对于东部发达地区不是问题，事实上这些地区的农村很多已经成为所在城市的"后花园"。[1]但是，中西部地区由于整体经济的落后，城市休闲消费水平支撑不起乡村旅游消费市场，很多一哄而上的乡村旅游项目连成本都难以收回。[2]在这些地区，当前比较现实的方法还是走城市化发展道路，以城市化为牵引，待城市化发展到一定水平之后，再进行自然风景变资产的转变。

第二节　资金怎样变股金

所谓资金，即"财产物资的货币表现"。[3]当前农村中的资金主要有两类：农民手中的剩余资金和村集体资金。虽然资金被定义为是财产物资的货币表现，但我们还是要做宽泛理解，把物质形式的如农民家庭拥有的农用汽车、所投资的种养殖产

---

〔1〕　如浙江德清的莫干山、北京蟹岛绿色生态度假村、成都五朵金花休闲观光农业区等。

〔2〕　如陕西安康平利县龙头村的乡村旅游项目、西安近郊的白鹿原民俗文化村项目、武汉落雁岛农家乐项目等。

〔3〕　夏征农、陈至立主编：《辞海》（第6版），上海辞书出版社2010年版，第3052~3053页。

业实体、村集体企业等也视为资金。〔1〕所谓股金，即"公司的股东对所认股份缴纳的款项"。〔2〕资金变股金可以通过四种方式：①农民发起设立有限责任公司；②资金参股；③村集体企业进行规范化的公司改制；〔3〕④购买公开发行的股票。〔4〕当然，无论哪种形式的参股，目的一是要解决农民和村集体手中虽持有资金，但不具备灵活运用的能力和条件的问题，同时，因为农民手中的资金数额一般较少且较为分散，不具备规模投

---

〔1〕　结合当前农村实际，我们需要注意一点，即农民不是以"资财"形式入股公司，而是以劳务雇佣的形式受雇于公司的时候如何保障其利益。虽然不是以资金变成股金，但是农村中大量闲散劳动力如果不能够以有效的形式进入要素市场予以流转利用，而仅仅着重于货币、生产资料的市场要素化，这显然不符合也不利于"三变"目标的实现。但是，如果农民受雇于公司后在公司之间形成的是标准的雇主——雇员关系的话，依据其自身条件是很难在公司获得应有的利益和待遇的。而且，在城市中，公司和员工之间之所以能够适用标准的雇主——雇员关系模式，在于公司和员工之间除了雇佣关系以外没有其他纠葛。但是在农村则不一样，城市工商资本在进入农村时绝大部分是以获取农村资源的开发使用权、国家和地方优惠政策等为前提的。这些资源和政策的享有者原本是农民和农村集体组织。因此，这就意味着农民即使没有以资金的形式入股公司，而公司其实也应该对其承担相应的责任，在农民以公司雇员的身份出现时更应该如此。在法律上如何体现这一点呢？对此，我们可以考虑借鉴欧美公司治理中"雇佣者共享所有权（employee share ownership）"理论和实践。即不把公司雇员仅仅视为受制于公司及其资本所有者支配的自由出卖劳动力的无权者，基于社会所有权、资源共享权以及道德限制等因素，雇员应该成为公司的共享所有权者和利益相关者——Robert Monks and Neil Minnow, *Corporate Governance*, Blackwell Press, 1995, p. 253. Irene Lynch Fannon, *Working within Two Kinds of Capitalism: Corporate Governance and Employee Stakeholding: US and EC Perspectives*, Oxford Press, 2003, pp. 59~69.

〔2〕　夏征农、陈至立主编：《辞海》（第6版），上海辞书出版社2010年版，第746页。

〔3〕　根据《中华人民共和国公司法》《中华人民共和国合伙企业法》等相关法律法规，农民可以投资设立有限责任公司、股份有限公司、合伙企业、个人独资企业等，但就现实和三变的本义来看，有限责任公司比较适当。

〔4〕　从讲话和文件精神来看，将资金变为股金主要想实现农民和集体资金的保值增值。而当前中国股票交易市场风险较大，收益预期难。所以，应该指的不是这种形式。

资的优势和效应的难题；二是利用现代化的规范的公司制实现资金保值和增值，从而促进农民增收，为农村和农业发展打好资金基础。但仅着眼于成本—效益分析和规范化公司管理等经济问题还不行，需要扩展至对当前农村社会整体状况的分析。需知"人类的经济是浸没在它的社会关系之中的"。[1]人们"大多数的行为都紧密镶嵌在社会网之中"。[2]在处于转型阶段的"半乡土社会"中，市场机制和配套的法律体系都还不完备。一项经济行为往往会附着许多非经济因素，并需要在特殊的情境下展开和解决。在资金变股金的过程中可能会遇到三种情形，这三种情形皆起因于股东对公司不正当控制而造成的"公司法人格的形骸化"，即"公司与股东完全混同，使公司成为股东或另一个公司的另一个自我，或成为其代理机构和工具，以至于形成股东即公司、公司即股东的情况"。[3]具体表现为：①在发起设立有限责任公司或资金参股时，由于普通农民大多不具备相应的经济和法律方面的知识，以及在商海中搏击的视野与经验。实际上往往是乡村中的"经济能人"在发起、设立和经营决策中起到主导性作用，这往往就导致股东会、董事会、监事会等民主监督机构和协商机制有名无实。②虽然村集体企业进行了规范化的公司改制，但由于村集体的虚置以及村集体财产权的模糊性，实际上往往由村干部在掌控村级资产。虽然有《中华人民共和国村民委员会组织法》等相关法律法规，但是在村集体资金入股后如何监管方面并没有相关规定。③城市工商资本、村集体和农民共同参与入股成立公司的情况下，由于单户农民一般说来不可能有大笔资金投

---

〔1〕 ［英］卡尔·波兰尼：《大转型：我们时代的政治与经济起源》，冯钢、刘阳译，浙江人民出版社 2007 年版，第 39~40 页。

〔2〕 ［美］马克·格兰诺维特：《镶嵌：社会网与经济行动》，罗家德译，社会科学文献出版社 2007 年版，第 29 页。

〔3〕 冯果：《公司法要论》，武汉大学出版社 2003 年版，第 76 页。

入，所以在公司中所占股份不会太大，因此其对公司投资决策、利益分配、重要人事任免等一些重大事项的影响就比较有限，在城市工商资本占公司股份多数的情况下这一点尤其明显。

所以，在当前乡村这种多主体参与、正式制度与非正式规则并存、产权多样化的情况下进行资金变股金改革时，民主决策、管理、监督必不可少。当然，最终还是在于如何将这种决策、管理、监督予以法治化。具体可以从以下六个方面进行监管：①必要时启动"公司人格否认制度（disregard of corporation personality）"[1]来化解"公司法人格的形骸化"的问题，避免农民股东资金利益被少数股东侵害。②课以控制股东诚信义务（fiduciary duty）。[2]③对股东预先进行资格审查。审查范围不局限于公司法规定的股东入股资格审查，还包括对股东是否有违法犯罪记录、不端行为历史，尤其是否有经济上违法犯罪记录。以防止黑恶势力等把持公司。④援引《侵权行为法》中相关规定裁决公司及其高层管理人员侵犯公司资金行为。[3]同时，赋

---

〔1〕 该制度也被称为"刺破法人面纱（piercing the corporation's veil）制度"。指的是为避免公司滥用其独立的法人人格，以保护相关利益人遭受损失，以具体法律关系中的特定事实为依据，否认公司及其股东具有独立的法律人格及其有限责任的承担。责令其对相关利益人的损失直接负责，以体现公平正义要求的一项现代公司法律制度。以此制度的适用直接追究那些损害公司、其他股东、社会利益的股东责任。

〔2〕 依据资本多数决原则，控制股东指的是因持有公司股本超过50%因而足以对所持股公司施加支配性影响的股东。实际上，这往往就是城市工商资本所有者、村集体干部、乡经济精英。这些控制股东往往会利用其优势地位侵吞公司财物，欺诈、打压其他股东。因此，需要课以法律上的诚信义务，以此对其进行实质性约束。其诚信义务指的是要求其基于公司利益而非私利管理公司分配利益，在决策时必须考虑少数股东和小股东的利益。

〔3〕 在美国的司法实践中，在对于公司法没有明确规定的公司及其高管侵犯股东（尤其是少数股东）利益的行为的处理上，认为民事法律中关于侵权行为及其责任承担的规范，可以直接参见 Sally S. Simpson, *Corporate Crime, Law, and Social Control*, Cambridge University Press, 2002. pp. 61~62.

予股东依据"合理怀疑"提请法院解散公司的权利以及在公司解散进行资产清算清偿时优先受偿的权利。⑤在政府相关部门监督下制定公司章程。公司董事、经理、监事等主要负责人应该由农民股东担任。在新股东入股、董事、经理和监事人事变动、重大投资、利润分配等公司重大事项的决定程序要有一定比例的农民股东参与表决。⑥从投资方向进行控制。允许并鼓励符合国家农业产业发展方向、能促进农业产业升级转型的科技类、产业类的资本下乡,和当地集体组织以及农户以资合和人合两种方式成立有限责任公司。对于以圈地为目的、污染环境、资源耗费严重、对农业增产农民增收促进不大的企业和资本予以严格控制。

第三节　农民怎样变股东

农民变股东会遇到两方面问题:首先是观念上需要转变;其次是具体操作上有困难。

一、观念如何转变

有限责任公司是股权式企业,以股东共同投资为基础设立。出资人向公司投资后,其财产权利转变为股权,出资人成为公司的股东。股东行使股东权,公司行使法人财产权,两权分离,公司获得独立的财产权。股东既不能擅自抽回出资,也不能再对其出资财产享有占有、处分权利。这种权利关系模式是规范的公司制中最为基本的制度设计,但是对于现今很多农民来说还比较陌生。因此,在进行从农民到股东的转变时,在心理和行动上都有不少障碍与不适应,农民变股东使得"公"与"私"的转变更为复杂,又因为这种复杂性增加了转变的难度。

　　中国古代传统政治思想提倡"崇公抑私"和"大公无私"，此种观念在经过新中国成立后社会主义新传统的补强而更具合法性。但是，在经改革开放至今不长一段时间内的市场经济洗礼后，"这种公私观却在社会政治生活、伦理道德、经济等诸多领域造成理论和现实严重错位"。[1]其实这并不说明市场经济对政治和道德观念的破坏力有多大，而是因为中国农民自有一套公私观念，其意指与结构均和通常所说公私观有很大不同。在大多数农民心目中，"公"或曰"公共的"向来指的就是以各级政府及其官员所代表的"公家"。"公家"以外全是私领域。一个农民构建其社会网络的过程就是以核心家庭为原点、以亲情、血缘、地域为标准一圈一圈地向外推及延伸。人们以家庭为单位，通过亲情、血缘、地缘、伦理习俗建构演绎其全部社会关系。然而，现代公司制建立的是一种全新的关系结构，它需要剔除所有乡土社会的关系与行动资源，代之以理性的经济计算和利益衡量。公司的"公"来自私个体的投资，具有独立性且不为传统上任何公共概念所包括。公与私的建立与转换虽然不能够仅限于利益考量不附着任何道德诉求。但是也要做到一方面在制度上公与私严格分离，另一方面在利益追求上公与私相互通融一致毫无冲突。这一切都和既有的公私观不同。因此，农民变股东需要的不仅是经济身份的转变，更是思想观念和行为方式的转变。但这种转变不是无条件的一边倒，任何制度建构都不是白纸上作画。希望以一套制度来重塑如此庞大群体的观念和行为方式难度颇大，因此，根据其思想传统和行为模式而构建出情境化的制度和法律权利体系。公司作为一个社会组织，如果想良性发展，就需要在内部管理运行和外部社会

────────────

　　[1]　刘中建：《'崇公抑私'简论：对一项中国传统政治思维方式的反思》，载刘泽华等：《公私观念与中国社会》，中国人民大学出版社2003年版，第351页。

之间充分沟通，形成一个动态平衡机制。这个动态平衡机制的核心就是在尊重股东、公司财产权和管理自主性的同时承担相应的公司社会责任（Corporate Social Responsibility）。而承担什么样的社会责任，需要我们对公司所处社会的文化氛围有着准确把握。这一点对于当前我们讨论农民怎样变股东比较重要。一方面要求农民要适应现代化转型，从传统农民转变为现代农民；另一方面要求在具体的公司制度设计和管理中充分吸收既定的文化因素。[1]

二、探索新型公司治理结构

在法律上，成为公司股东就意味着享有相关的法律权利承担法律义务。第一步自然是投资入股，接下来最重要的事就是如何行使股东的权利和承担股东的义务。根据公司法相关规定，股东依据其在公司中拥有的股份享有盈余分配请求权、剩余财产分配请求权、提案和表决权、救济权等股权。义务方面比较简单，主要是出资义务。这些是对股东权利义务一般性的规定。但是，仅有这些不能展现股东权利义务的全貌。成为股东并不意味着直接行使公司权力。公司权力需要在由股东、董事、经理、监事所组成的权力机构中行使。在公司中，哪些权力由股东行使，哪些权力由董事、经理、监事行使，现代公司法都进行了一般性的规定，这被称为公司治理结构。探讨股东权利义务问题必须放在公司治理结构框架内来进行，设计公司治理结构的最终目的就是为了维护股东、社会和国家利益。在当前乡村治理、乡村振兴和城乡一体化发展的多重背景下，不仅要从既有的公司治理的角度探讨农民变股东问题，还要从现实中的

---

〔1〕 DaShi Zhang, *Corporate Social Responsibility in China*: *Cultural and Ownership Influences on Perceptions and Practices*, Springer Press, 2017, pp. 17~21, 33~34.

多维视角来进行扩展。

公司治理结构并非一成不变，一般会受到规范性和非规范性两方面因素的影响，一是法律的因素，二是外部的规制力量。[1]具体来说是外部市场因素和不同公司类型的法律规定。这两方面具体因素不同，会形成不同的公司治理结构模式，从而决定股东的权利义务状况。

传统的公司治理信奉"股东中心主义"，严格保护股东利益。因而，视股东大会为公司最高权力机构，享有公司重大事务的表决和决议权，董事会只是业务执行和行政管理机关。[2]但是，20 世纪以来，社会经济发展加速，市场竞争日趋激烈，金融创新和技术创新日新月异。为了适应新情况新问题，公司在经营管理方面也日趋复杂化和专业化，股东对公司的控制力越来越弱，结果就导致传统的"股东中心主义"治理结构渐渐不再适应，从而由"股东中心主义"转向"董事会中心主义"。[3]董事会的权力和地位越来越重要，相应地削弱了股东大会的权力，股东对公司的控制力也被削弱。在当前我国大部分公司的治理结构中，这种变化趋势也相当明显，在"资本下乡"的过程中同样可以看到这一点。因此，在农民变股东的操作过程中，

---

〔1〕 Stephen Griffin, *Company Law: Fundamental Principles*, Longman Group Press, 2006 (4th), p. 364. 其中外部因素的约束的一个明显的例子就是公司社会责任的承担。一般认为，公司不仅要承担法律上的责任，还应当承担经济和伦理责任。当然，这三重责任的承担最后应以法律的规范形式加以落实——Mark S. Schwartz and Archie B. Carroll, "Corporate Social Responsibility: A Three-Domain Approach", *Business Ethics Quarterly*, Volume13, pp. 503~504.

〔2〕 Stephen Bottomley, *The Constitutional Corporate: Rethinking Corporate Governance*, Ashgate Publishing Press, 2007. pp. 20~23.

〔3〕 Baskin, *Corporate Responsibility in Emerging Markers*. The Journal of Corporate Citizenship, 2006 (4), pp. 29~31. Stephen Bottomley, *The Constitutional Corporate: Rethinking Corporate Governance*, Ashgate Publishing Press, 2007, p. 11.

如果对"董事会中心主义"不加以限制的话，将会不利于保护农民股东的利益。在实践中，英美国家较为普遍采用"股权+市场控制"的外部治理模式来予以调整。认为公司应该以股东的利益为目的进行经营管理，股东对公司主张权利的依据是其拥有的股份，公司的资产由全体股东所持有的股份组成并在金融证券市场上体现出其价值。金融证券市场上股票价格的涨落不仅反映出公司经营状况，同时也决定了股东是否继续持有或抛售股份，对董事等公司经营者予以警示和施压，从而把对公司的控制权始终掌握在股东手中。不过，这种模式并不适合我国当前状况。因为实施该模式需要两个前提条件：一是要有高度分散的股权结构；二是要有高度发达的金融证券市场。显然，这两个条件目前我国还达不到。大部分公司的股权结构比较集中而且单一，再加上金融和证券市场还处于待完善阶段，具有一定的不稳定性，从而导致股权的配置和交易规范性和公开性都较弱。因此，以股权+外部资本市场维护股东利益的模式对我国暂不适用。为此，结合当前实际，我们可以考虑从两个层次来进行：第一个层次是以国家为主体一方参与公司治理结构的形成，即国家作为股东（the state as shareholder）建立起一种原则性、基础性的"模糊"公司治理（"fuzzy" corporate governance）结构，以应对新兴的公司治理真空（emerging corporate governance vacuum）。[1]第二个层次是将第一个层次的要求再具体化，即建立多边治理结

---

[1] The World Bank, *China's Management of Enterprise Assets: The State as Shareholder*, The World Bank Press, 1997, pp. 68~71. 这种做法在以国家为主体领导进行的社会和经济改革过程中有非常重要的意义。因为这种层面的改革往往是全新的、整体性的，因此不可避免地会出现许多以前没有的新问题新情况，以至于现有立法和司法实践没有现成的规范和做法来应对，当下的"三变"改革中所出现的一些新问题即为例证。为此，基于法治主义的考量而赋予国家作为股东的身份及其权能就很有必要。

构体系，即由公司管理高层、股东代表、利益相关人、地方政府经济行政管理机关共同组成的治理结构体系。采用这种多边治理结构体系可以带来四个方面的好处：第一，该体系为公司治理法治化的题中应有之义，是适用公司治理法律框架的具体表现。在当前多元化主体参与乡村振兴的情境下，可以平衡和兼顾相关各方的利益；第二，由于股东代表（尤其是参股农民代表）和地方政府经济行政管理机关的参与，从而可以在公司内部形成权力制衡结构，防止董事会等公司高管擅权独大，损害股东利益和社会公共利益；第三，在农民股东和地方政府经济行政管理机关参与公司权力行使时，既可以维护农民股东在公司中的基本权益不被侵犯。同时，由于地方政府经济行政管理机关的参与，可以补齐农民股东在公司化和市场化经营中知识和经验的不足，还可以避免公司经营中常见的对乡村进行掠夺式开发、环境污染、擅自改变土地用途、侵吞集体资金等问题；第四，在政府扶贫开发、政策性投资资金转变为公司资产的情况下，地方政府经济行政管理机关的参与和监督既可以保障资金的安全，又可以保障公司投资和经营符合国家产业发展和政策导向。从而将个体利益和国家社会利益、当前利益和长远发展利益综合起来考虑。

自 1904 年河北定县（今定州市）翟城村乡绅米鉴三、米迪刚父子发起"翟城试验"开始，中间经历了晏阳初及中华平民教育促进会等推进的"定县试验"，清末民初实业家张謇在家乡南通所推动的"工农并进"地方性建设，梁漱溟在山东邹平进行的"乡村建设"，以及卢作孚、陶行知、黄炎培等人各种形式的乡村建设，新中国成立后初期大规模工业化条件下由"政府主导"对乡村社会进行全面整体的组织化改造、集体化时期国家力量全面进入"三农"领域以获取农业剩余投入用于工业化和城市化建设、20 世纪 80 年代至今由政府部门自上而下推动的农村改革试验等。中国农村的发展和改革可谓跌宕起伏。一百多年的探索实践使得我们充分意识到乡村振兴的复杂和艰巨。不仅包括经济振兴，还包括思想改造、制度建设；不仅是乡村问题，而且也是城市问题，是城乡协调发展的问题。不仅是经济问题，还是社会问题，更是法律问题。"三变"的提出，是对这些错综复杂问题从经济基础理论到具体实施措施的立体化回应。在建设法治国家的背景下，我们所要做的就是结合乡村实际和规范性法律制度，为"三变"的顺利实施提供可行和创新的法律方法，使得"三变"在法治化道路上稳步前行。

第七章

新乡贤与自治、法治、德治相结合
方略的实施

第一节　自治、法治、德治相结合方略的古代思想渊源

　　无论是古今还是中外，道德与法律之间的关系问题一直是一个永恒的命题。近代以前，道德占据上风。近代以后，尤其在西方，二者平分秋色，并且法律逐渐胜出，成为人们生活中主要的行为规范。二者之间的关系因而较为简单，法律调整人的外部行为，道德调整人的内心世界。法律规范适用过程中不能掺杂价值判断，道德约束也不依靠法律规范。不过，在中国，德与法之间关系远非如此简单清晰。首先，它不仅仅具有道德与法律这个维度，还具有实体（内容）与形式这个维度。之所以如此，在于中国传统哲学的出发点和归宿都是从伦理的角度进行的。"道"为始、"德"为终，道与德合二为一。因此，"德与法"的中国式解读需包括"道与法""道与术""德与法"这几个方面。其次，就道德与法律方面来看，从最早的"德主刑辅"，"德为刑之本、刑为德之用"。到"人治"还是"法治"的三次大讨论、"法制"与"法治"之争，直至现在"法治"与"德治"如何相结合。林林总总、千头万绪，这说明道德与法律具有复杂多元的因素和结构。所以，认知中国式法律与道

德关系的本质需要从多维的角度和结构开始。

一、道与器

从古到今的德与法之争，大多与如何理解道与器之间的关系有关。什么是"道"？中国哲学一直没有以形式逻辑 A = A 那样给其直接下一个定义，而是认为"道可道，非常道"。"道"以多重涵义多种方式体现出来，如道路、规律、[1]万物的本源或本体、心灵本源、政治原则、伦理规范，等等。[2]但不管如何定义，"道"都是被理解为区别于形式的、质料的、实质性的内容即"义理大道"。关于"器"，《周易·系辞》载"形而上者谓之道，形而下者谓之器"。[3]"器"被理解为承载道的载体、体现道的精神的形式。至于二者之间的关系，在学理上被理解为"道是无体之名，形是有质之称。凡有从无而生，形由道而立。是先道而后形，是道在形之上，形在道之下"。[4]在实践哲学中进一步提出"君子不器"的要求。君子为何要不器？因为"器者，各适其用而不能相通。成德之士，体无不具，故用无不周，非特为一才一艺而已"。[5]器物文化被士人斥之为"奇技淫巧"。这种崇道抑器的思想不仅在士人群体中流行，在普通百姓中也有很深的基础。拥有一技之长虽然也不错，但"万般皆下品，唯有读书高"。能够读书还是尽量读书，现代社会中各级阶层民众仍然大多持有这个观念。不管自己在商业、

---

〔1〕 英语中"道"被译为"the way"，应该是着眼于这层含义。

〔2〕 详细论述可参见张立文主编：《道》，中国人民大学出版社 1989 年版，第 1~4 页。

〔3〕 黄寿祺、张善文撰：《周易译注》，上海古籍出版社 2001 年版，第 563 页。

〔4〕《周易正义》卷七，李学勤主编：《十三经注疏》（标点本），北京大学出版社 1999 年版。

〔5〕（宋）朱熹：《四书章句集注》，中华书局 1983 年版，第 57 页。

技术、技能方面有何种成就，总是希望子女好好读书，因为读书明事理才是"正道"。相应的在法律上则认为"道之以政，齐之以刑，民免而无耻。道之以德，齐之以礼，有耻且格"。"人治"与"法治""法制"与"法治"之争，都体现出将法律视为"器物"，以此追求道德实现或义理大道的想法。法律乃至于法治工具主义思想在当前社会中的影响之所以比较广泛，和中国民众对道与器的关系认识不无关联。而思想层面的改变绝非一朝一夕之功，一方面要积极引导民众转向现代法治观念，另一方面需要以社会中普遍存在的思想舆论为基础，在立法和司法中予以体现。

二、法与术、势

一说起法术势，很多人立刻会联想到法家代表人物韩非子"法、术、势"相结合的主张。韩非子所说的"法"，大意为成文法规范；"术"为君主驭人之术、南面之术；"势"为权势、势力。在他看来，君主的统治需要将这三方面结合起来，不要偏颇。就其实质来看，韩非子的学说虽然被认为是中国古代的"法治"学说，但实为一种政治主张或国家治理和统治方法。无论是法、术还是势，其实质就是一种治国理政之"术"。虽然说其理论有着强烈的工具理性特征，但也不能一味对其进行批判。因为"徒善不足以为政、徒法不能以自行"。[1]法律和政策的推行客观上是离不开特定谋略的配合的。而且，法律也不是超然之物，它必须回应特定时期的政治与社会需求，也就是说要应对"时势"，引领"时势"，解决其所在时代的难题。因此，韩非子的法术势主张还是有其可借鉴之处的。一言以蔽之，他的法治观

---

〔1〕（清）焦循撰：《孟子正义》，沈文倬点校，中华书局1987年版，第484页。

体现出一种和西方形式主义法治不同的实质性的法治观。不过，我们还需要沿此思路进行进一步的扩张和深入探讨。因为中国法治建设历程中一直都有法术势三个方面的因素，但和韩非子设想的不一样的是，"势"在其中是核心，而且涵义远超"权势""势力"这个范畴。[1]其演变的逻辑是："法"由"势"产生，面对的是什么样的势以及如何对待势，从而决定法是否成为一种"术"。

"势"是中国文化中一个非常独特的概念，它的出现体现出中国哲学思维的生成性、转换性、关联性特点。老子《道德经》中有"道生之，德畜之，物形之，势成之"。[2]描述了本源性的道经过一系列的下潜和具象化，最后完成一个向自身的循环与上升过程。其中"势"被认为是"环境""力""对立"[3]现实中势具有的意涵更多更模糊一些。如民间常有"时势""形势""架势""势头""来势""摆势子""造势""势力"等说法。西方文化是一种直线型、非此即彼思维下的产物，所以，产生不了类似于"势"这种概念。[4]势的用法这么多，难以对

---

〔1〕 之所以远超韩非子所说的权势、势力范畴，在于时过境迁，产生了太多事变因而不断变势。

〔2〕 （魏）王弼注，楼宇烈校释：《老子道德经注校释》，中华书局 2008 年版，第 136~137 页。

〔3〕 陈鼓应译注：《老子今注今译及评介》，商务印书馆 1970 年版，第 175~176 页。

〔4〕 怀特海是个例外，在对西方文化的核心——逻辑和数学——进行了艰苦卓绝的探索后，后期的怀特海转向了过程哲学，关注事物的生成（becoming）过程及其矢量性（vetor）变化，批判对事物的静态研究，以之避免至牛顿物理学以来，西方学术和文化传统中把事实和经验的无比复杂性和动态过程还原为简单的抽象，然后以之作为认知事物的基底的"误置具体性的谬误"。在其后期巨著《过程与实在》一书中，他仔细探讨如"共相与殊相""自然与秩序""事实与形式""机体与环境"等问题。以一种新的质料和研究范式避免自笛卡尔以来的主观与客观、心灵与世界、事实与价值的二元对立。在我们看来，怀特海所使用的概念及其方法其实已经靠近中国文化和哲学中的"势"以及其他类似的范畴和范式。

其进行简单归纳。不过，细心观察的话，可以发现很多种势虽然指向各有不同，但是，都一定程度上具有相同的界定框架，就是表现为有和无、守成与创新、静与动、过程与实在之间的一种状态和关系。在法国哲学家于连看来，"势"是体现中国式实用主义效力观的一个重要概念。它在静与动之间顾盼往返。"一方面，我们思考现实的情势（la disposition des choses）——条件、轮廓、结构；另一方面，我们思考所谓的力量和运动。换句话说，一方是静止的（statique），而另一方是活动的（dynamique）。但是，正如所有的二分法，这种二元对立（dichotomie）是抽象的，只是方便理性思维的一种手段，是一个被用来认识现实的权宜之计，很清楚但过于简单。我们应该质问，那些被遗留在二元之间的事实——即使我们很清楚它们才是唯一实际存在的事实，但它们却是理论无法证明而且肯定的，因而大部分是没有被思考过的——这些事实会是什么样子？"余莲认为，这些被西方文化所遮蔽的重要事实被中国文化以"势"来提出。不过，由于"势"具有多种意涵，如"位置""权力""情势""活力"等，因此有"令人尴尬的暧昧性"。[1]这种暧昧不难看到，一方面我们说"时势造英雄"，另一方面我们往往不得不承认"形势比人强"。所以，在认识、判断和运用"势"的时候，因此会产生一些意想不到的结果。不过，我们需看到，虽然具有这种暧昧性，但是"势"所带来的启发性更多。一方面，行动时应该应时应势、审时度势，不要逆势而行；另一方面，不要被现状所局限，要因势利导、乘势而行、积极作为从而势在必得。

　　近代以来中国的法治建设面对着特定的形势。首先，外国列

────────────

〔1〕〔法〕余莲：《势：中国的效力观》，卓立译，北京大学出版社2009年版，引言第1~2页。

强不可避免地出现，成为在中国探讨法治问题的客观形式。[1]晚清以降中华民族面临着亡国灭种的危机时，社会共识是救亡压倒启蒙、革命先于民主。当发现法治与民主制度而非坚船利炮才是西方列强真正强大的根本时，就不遗余力地倡导和引入。但就是在这个引入过程中，发生了"具体错置的谬误"，即法治在西方社会是经过长期演化形成的内在实现的价值和目标，而在中国则是以实用性的方式将其"截取"过来，法治因此就成为一种工具而非内在价值，实施法治的目的在于"以法强国"，而非"依法治国"。这样一来，必然会发生的结果就是，法治成为实现某些目标的手段和工具。其演变过程是势→法→术。

　　新中国成立以后，形势发生了较多变化，但是，保障国家的国际地位及其合法性，以及进行全面改革，尤其是法治化改革以实现国家全面、快速发展仍然是在中国进行法治建设时必须达到的两大目标。这也是世界范围的大势所趋。同时，当我们进一步仔细分析所面临的形势时，就会发现有四个方面的形势变化：转型期（中等收入）陷阱、[2]"自下而上"的资本主义在中国的发生可能、国内未完成的无产阶级化以及已消失的无产阶级现状、各种境外国家组织和非国家组织对我国主权、经济、意识形态的威胁与挑战。而要有效应对这些威胁和挑战的话，就需要在社会中有一个强有力的权威和权力组织来凝聚

---

　　[1]　See Jonathan K. Ocko and David Gilmartin, "State, Sovereignty, and the People: A Comparison of the 'Rule of Law' in China and India", *Journal of Asian Studies*, Vol. 68, No. 1 (Feb. 2009), pp. 55~100.

　　[2]　即"在改革和转型过程中形成的既得利益格局阻止进一步变革的过程，要求维持现状，希望将某些具有过渡性特征的体制因素定型化，形成最有利于其利益最大化的'混合型体制'，并由此导致经济社会发展的畸形化和经济社会问题的不断积累"。参见清华大学社会学系社会发展研究课题组、孙立平：《"中等收入陷阱"还是"转型陷阱"?》，载《开放时代》2012年第3期，第125~145页。

社会力量、塑造全体人民的共识。无疑，这就是中国共产党及其领导下的政府所具有的地位和正在做的事情。由于所面临的形势比较复杂且紧迫，所以，党和政府在应对时需要进行及时的判断和决断，权力因而不可或缺，从而"势"进一步具体化为"权力"。当然，权力的运用不能是任性为之，应该规范为之。规范为之即为"法"。而在当前中国，"法"的运用也应该应时应势，一方面应借助自上而下的权力，进行顶层的法治设计和实践；另一方面要视情况采取特定的谋略予以配合。所以，"术"在当前的法治建设中也不可或缺。这样一来，"法""术""势"都要具备，且呈现出相互支持、相互证成的关系。

第二节　自治、法治、德治相结合方略的历史经验

创新乡村治理模式是实施乡村振兴战略的核心环节，是我国国家治理能力和治理体系现代化的重要内容和必然要求。历史上的传统乡村治理模式多为"德治"为主的单一治理模式或"自治"＋"德治"的混合型治理模式。传统的乡村治理模式由于历史局限性，缺少符合现代社会的时代内涵。浙江省桐乡市首创的"自治""法治""德治"相结合的乡村治理模式取得了显著成效，但也产生了乡村治理行政化、"三治"结合度不够以及惯性反噬等现实问题。"三治"结合方略的载体创新是缓解、解决这些现实问题的一个结构性要素。发挥"新乡贤"在"三治"结合方略中的创新主体作用，能够突破现阶段"三治"相结合方略的现实困境，健全"自治""法治""德治"相结合的乡村治理体系，实现乡村治理水平现代化。

我国有着悠久的历史，从周代设分封制始，我国正式进入了封建社会。至秦始皇统一六国，全境推广郡县制，我国开始

形成了完备健全的中央集权制。至明清时期，中央集权制达到顶峰，后趋于衰落。1840 年鸦片战争一役，正式宣告中国历史翻到崭新的篇章。纵览我国历史，尽管从秦朝到清朝实行中央集权制，但是由于中国疆土辽阔与人口众多以及通讯技术水平低等特点，导致国家治理结构并不能以"中央集权"一言以蔽之。正如马克斯·韦伯所言："事实上，正式的皇权统辖只施行于都市地区和次都市地区。出了城墙之外，统辖权威的有效性便大大地减弱，乃至消失。"〔1〕传统中国的国家治理体系是一个复杂的结构体，"它有两个不同的部分，其上一层是中央政府，其设置了一个自上而下的官制系统，其底层是地方性管制单位，由族长、乡绅或地方名流掌握"。〔2〕这种表述事实上承认了传统中国存在着自治制度，并且这种自治制度具有非官方、内生性、中介性等特点。费孝通将这种传统中国社会的治理格局称为"双轨政治"："一条是自上而下的中央集权专制体制轨道，以皇权为中心建立一套官僚体系，由官员和知识分子来实施具体的治理；另一条则是基层组织自治的轨道，它由士绅等乡村精英进行治理，绅士阶层是乡村社会的实际'统治阶级'。"〔3〕秦晖将这种治理格局概括为"国权不下县，县下惟宗族，宗族皆自治，自治靠伦理，伦理造乡绅"〔4〕，这样一个描述范式，尽管秦晖的目的是反对这个假说，但不得不承认至少在中国的部分地区的部分时期，确实存在着这样的一种传统。"自秦汉以来，历代

---

〔1〕 ［德〕马克思·韦伯：《儒教与道教》，洪天富译，江苏人民出版社 1995 年版，第 110 页。

〔2〕 王先明：《近代绅士：一个封建阶层的历史命运》，天津人民出版社 1997 年版，第 21 页。

〔3〕 费孝通：《乡土中国》，上海人民出版社 2006 年版，第 145~160 页。

〔4〕 秦晖：《传统十论——本土社会的制度、文化及其变革》，复旦大学出版社 2004 年版，第 3 页。

封建王朝都在乡村社会中设置以士绅为中心的治理组织体系。从秦汉时期的乡亭里、魏晋南北朝的三长制、隋唐的邻保制、宋代的保甲与乡约、元代的社制、明代的里甲制到清代的里甲、保甲制。"[1]但据杨念群考证，宗族在民间的产生与发展具有一个历史过程的演变，"宋朝之前宗族仅仅指权贵阶层的'世家大族'，民间老百姓并没有自组宗族的权限，直到朱熹作《家礼》，才逐渐降低了民间祭祖、组建宗族的门槛"。[2]至明清时期民间的宗族（尤其是东南沿海地区）逐渐显现出极大的政治、社会影响力，它们可以自定家法家规，将原归属于基层行政单位的事务收为己有，涉及修撰地方志、祭祀祖先、修缮校舍、兴修水利、教化百姓、税收徭役、募集征兵、纠纷调解、社会治安等，在宗族自治的权限里，"私刑"也是被允许的。而这种宗族自治的现象在政权所有者眼里是一件较为经济的好事（至少是在初期），因此官府对于宗族自治也采取某种默示的态度。这种双轨制的治理格局一方面将国家政权的触角延伸到县一级，一方面对县以下的自治制度采取暧昧不明的态度，既不明示支持，也不完全打压。

尽管当权者认为宗族自治是一个对国家治理有帮助的组成部分，但是由于国家权力在基层的退出一方面会导致基层社会脱离国家权力的管控，损害政权的权威性；另一方面会导致宗族势力壮大、联合，对抗王权，威胁政权的安定性。因此，对宗族进行限制与管控是宗族自治的题中应有之义。保甲制度便是国家政权对宗族自治的牵制、限制，保甲制度是以户为单位，设户长；十户为甲，设甲长；十甲为保，设保长。保甲制度将

---

〔1〕 王杨：《传统士绅与次生治理：旧基层社会治理形态的新考察》，载《浙江社会科学》2020 年第 2 期，第 83~89 页。

〔2〕 杨念群：《"士绅"的溃灭》，载《读书》2014 年第 4 期，第 54~63 页。

基层社会下的人们被限制在有限的、固定的空间里，赋予特定人以国家职务，对管辖范围内的人们行使国家职权，以此来牵制宗族的影响力。

在宗族实施"自治"的过程中，其实也是推行"德治"的进程，并且"德治"是传统的乡村治理体系的核心。根据郁建兴所言，"德治"具有不同的时代内涵。"在现代意义上的德治即是以道德规范来约束人们的行为从而形成社会秩序的治理观念和方式，道德规范约束是一种非正式制度约束。而传统意义上的道德则是儒家伦理道德，主要体现为'三纲五常''三从四德'等不能历久弥新的旧道德。"[1]笔者认为这种是一种粗糙的分类，理由有二：一是在传统社会中的早期的儒家伦理道德是开放性的，并不具备鲁迅笔下"吃人"的特征，儒家伦理道德只是在后世的不断演绎中才逐步开始压抑人性，异化为统治工具。二是尽管儒家伦理道德包含一些压迫人性的陈规陋习，但也具备现代社会所提倡、崇尚的某些道德规则，例如父慈子孝、忠孝诚信等。并且在后一种意义上的德治也具备现代意义上德治的特征："以道德规范来约束人们的行为从而形成社会秩序的治理观念和方式，道德规范约束是一种非正式制度约束。"在宗族德治的语境下，既包括现代意义上的德治，又包括传统意义上的德治。传统中国的宗族自治，一般由宗族长老或士绅作为领导核心，这样的地位一般是由地方性、传统性的文化网络所决定的。"在地方文化网络中，士绅的权力并非直接来源于上级权力的授予，也不是天然获取，而是在地方性意义、象征、认同、价值等要素的共同编织之中产生的。传统乡绅之所以能够在乡村治理中掌握主导性权力，一个很重要的原因是他们具

---

[1] 郁建兴、任杰：《中国基层社会治理中的自治、法治与德治》，载《学术月刊》2018 年第 12 期，第 64~74 页。

有传统权威、德高望重，能够作为国家法律制度与儒家伦理知识的解释者。"[1]自春秋时期的孔子以来，中国便逐步踏上了德治的历史进程。尽管在相当长的一段时间里，儒家学说并未受到统治者重视而在大范围推行，但是自汉武帝接受董仲舒"罢黜百家、独尊儒术"的主张，推行"礼法合一"，德主刑辅变成为了汉唐以来的主流思想。儒家思想因与日常生活息息相关，便具备了渗透进人们生产、生活的潜力，也因此能够永葆生机，具备顽强的生命力。宗族内的长老、乡绅便是通过在宗族内部以儒家道德为指导思想制定家规家训、以儒家道德思想为依据进行纠纷调解等方式以"德治"为工具来实现"自治"。

我国传统乡村治理体系在某种程度上是与"法治"没有联系的，即便存在联系，所指代的也并非现代意义上的"法治"。古代与现代的"法治"内涵是不同的，其古代的含义是指法律为统治者服务，统治者以法治人，人依法而行。这种"法治"具有"法律工具主义"的色彩。"法治"的现代内涵则是西方思想的产物，发端于亚里士多德，他认为"法治"的内涵是已成立的法律获得普遍的服从，而大家所服从的法律又应该本身是制定得良好的法律，即良法之治、法律得到人们的普遍信服、法律具有至高地位。[2]由于在漫长的中国封建社会中并未形成与后者相关的观念与产物，因此，在宗族自治的背景下，与自治、德治相联系的便更可能是前者。前文提到，宗族在实施德治、自治的过程中，会以儒家道德为指导思想制定家规家训、以儒家道德思想为依据进行纠纷调解，因此，便会出现以族规

---

〔1〕　王杨：《传统士绅与次生治理：旧基层社会治理形态的新考察》，载《浙江社会科学》2020年第2期，第83~89页。

〔2〕　[古希腊] 亚里士多德：《政治学》，吴寿彭译，商务印书馆2011年版，第202页。

家法为形式的"准法律"。之所以说其是"准法律"乃是因为它们具备法律的某种特征。首先，双轨治理格局说明了宗族包揽了原本属于基层政府的一些行政事务、司法事务、执法事务，这集中体现在族规家法中或解决纠纷过程中，明文规定或约定俗成了一定的程序或实体规定。这无论是在形式上还是内容上，都与法律规定具有一定的相似性。其次，宗族对于违反规矩的族人进行一定的惩罚、制裁，主要体现为剥夺财产、肉体惩罚、精神侮辱甚至于剥夺生命等"私刑"，而在现代文明社会，这种惩罚措施是属于法律保留的内容，其他社会规范并不能规定这些内容或者除了法定的国家机关，其他任何个人或组织无权执行上述内容。因此，在宗族实施德治、自治的过程中，也是进行古代意义上的"法治"，这种"法治"体现了工具主义色彩。若要将自治、法治与德治之间的结合关系做出一个总结，那么可以归结为：以德治为旗，以法治为剑，以自治为宝座。三者之间紧密结合，相互作用。

随着清政府废除科举制度，宗族中的"士绅"失去了传统的制度性来源，失去了连接国家与基层社会的中层协调人员的独特身份，帝制崩解后，皇帝作为联系政治社会文化的象征符号作用消失了，失去特殊身份的"士绅"们不用再效忠传统道德秩序。[1]新中国成立后，1962年在第八届中央委员会第十次全体会议上通过的《农村人民公社工作条例修正草案》决定，在农村实行人民公社制度。

改革开放以后，家庭联产承包责任制使农民成了自主经营的主体，农民自主空间得到空前释放，村民自治制度正是发端

---

〔1〕 杨念群：《"士绅"的溃灭》，载《读书》2014年第4期，第54~63页。

于这一背景。[1]1998 年，全国人大常委会通过《中华人民共和国村民委员会组织法》第 2 条第 1 款规定："村民委员会是村民自我管理、自我教育、自我服务的基层群众性自治组织，实行民主选举、民主决策、民主管理、民主监督。"标志着基层群众自治组织正式确立。我国自治制度进入了一个新的历史阶段。但不得不承认的是，该阶段的基层群众自治制度是低质量、低水平的自治，因为在自治过程中，"四个民主"发展并不均衡，更多关注的是民主选举，而对于法律规定中的民主决策、民主管理、民主监督却未能重视。[2]在改革开放后的 1983 年，邓小平决定对破坏经济建设的坏分子实施专政，他强调："搞四个现代化一定要有两手……一手抓建设，一手抓法制……没有对破坏分子的专政，社会就不可能保持安定团结的政治局面，就不可能把现代化建设搞成。……对于当前的各种严重刑事犯罪要严厉打击，判决和执行，要从重，从快；严打就是要加强党的专政力量，这就是专政"[3]。从而中国进入了严打时期，这段时期也是中央加强、加快法制建设的时期。加快立法，试图将一切问题都法律化解决。

第三节　自治、法治、德治相结合方略的现代转型

改革开放以来，我国已经从以农为本、以村而治的"乡土中国"变为乡土变故土、乡村变故乡的"城乡中国"。[4]传统

〔1〕俞可平、徐秀丽：《中国农村治理的历史与现状——以定县、邹平和江宁为例的比较分析》，载《经济社会体制比较》2004 年第 2 期，第 13~26 页。

〔2〕郁建兴、任杰：《中国基层社会治理中的自治、法治与德治》，载《学术月刊》2018 年第 12 期，第 64~74 页。

〔3〕《邓小平文选》（第 3 卷），人民出版社 1993 年版，第 370~383 页。

〔4〕刘守英、王一鸽：《从乡土中国到城乡中国：中国转型的乡村变迁视角》，载《管理世界》2018 年第 10 期，第 128~146 页。

的乡村治理所采用的自治、法治、德治简单排列结合的 1.0 版本并不能解决我国在新时代乡村治理中所遇到的问题。因此必须对自治、法治、德治重新审视，赋予其新的时代精神，实现"三治"结合方略的现代转型。

符合乡村治理现代化要求的"自治""法治"与"德治"一定是区别于传统乡村治理所采用的"自治""法治"与"德治"。首先，在概念与内涵的层面上，"三治"具有新的时代内涵与时代意义。在新的历史阶段中，"自治"的核心将不再是民主选举，而是民众的参与。[1]调动民众的参与公共事务的积极性，主要包括民主管理、民主决策、民主监督，形成"众人之自治"。"法治"则要求民众不仅要平等地遵守国家法律规范，而且要平等地遵守民众根据民主程序制定的乡规民约。任何人都没有"法"外权力，任何人都要依"法"办事。"德治"则是要求与外在强制性的"法治"相互补，提倡有助于稳定秩序、增强凝聚力的传统道德，培育与新时代社会精神所契合的"新道德"。摒弃具有封建迷信色彩的"坏道德"与落后于时代的"旧道德"。其次，"三治"之间的相互关系与结合方式具有新的时代特征。法治和德治都要以自治为基础践行、落实；法治意味着乡村治理要以法治为根本遵循，自治、德治都要在法治框架之下进行；德治意味着乡村治理要以道德规范、习惯规约等良善的社会规范来维风导俗，以德治教化和道德约束支撑自治、法治。[2]总而言之，"自治""法治"与"德治"三者是有机结合的。以自治为基础与目的，以法治为遵循，以德治为支

---

〔1〕 欧阳静：《乡村振兴背景下的"三治"融合治理体系》，载《天津行政学院学报》2018 年第 6 期，第 68~73 页。

〔2〕 高其才：《健全自治法治德治相结合的乡村治理体系》，载《农村·农业·农民（B 版）》2019 年第 3 期，第 40~45 页。

撑，最终形成"三治"共治的合力。

2013 年，浙江省桐乡市摸着石头过河，首创了"三治"结合新时代乡村治理模式。随后浙江省德清县、象山县等地相继开展了乡村治理创新实践活动，并逐渐形成品牌效应。[1]2017年党的十九大报告对桐乡市的乡村治理实践给予肯定，明确指出要加强农村基层基础工作，健全自治、法治、德治相结合的乡村治理体系。次年年初中共中央、国务院出台实施的《关于实施乡村振兴战略的意见》对我国"三治结合"的乡村治理体系进行了更完善的政策布局，如加强农村基层党组织建设、深化村民自治实践、建设法治乡村、提升乡村德治水平，以及建设平安乡村等。

一、"三治"结合方略的现代实践

"桐乡经验"被中央政法委定位为新时代的"枫桥经验"。以"桐乡经验"为样板的"三治结合"乡村治理创新实践在全国范围内迅速推广，从广东到陕西，从江苏到云南，从安徽到贵州等，全国众多省份纷纷参与到这次"三治"结合的乡村治理实践中来。从制度创新到主体创新再到活动创新，各区县乡村纷纷提供了有益的经验。例如，浙江省德清县完善了"村务联席会议"制度，山东省安丘市建立了"信访矛盾公开听证"制度等，其次，各区县乡村成立"百事服务团""乡贤理事会""法律服务团""道德评议团"等等相应的新型组织；最后，各乡村开办了各种实践活动，如"国学讲堂""法律进农村""家

---

〔1〕 唐皇凤、汪燕：《新时代自治、法治、德治相结合的乡村治理模式：生成逻辑与优化路径》，载《河南社会科学》2020 年第 6 期，第 63~71 页。

风晾晒"等活动，利用这种活动来促进"三治"结合的成效。[1]

以浙江省桐乡市为例，"桐乡经验"作为"三治"结合的典型范例，清晰且深刻地阐释了"三治"之间的关系以及结合的实操性。有学者将桐乡市的"三治"建设工作总结为"同时提高基层社会的'自治指数''法治指数''德治指数'，其核心在于多元主体参与"。[2]首先是要提高基层社会的"自治指数"，其核心在于厘清基层自治组织的职能范围，推动其职能回归。桐乡市通过区分了基层自治组织"需依法履行的 36 项事项"与"需协助政府工作的 40 项事项"，明晰了政府与基层自治组织的职权、职能范围，保证了基层组织的自治可能性。在保证基层组织的自治职能回归的同时，也需要保证基层组织的自治能力的提升。因此，桐乡市拓展群众议事平台，建立"百事服务团"，积极组织基层群众参与到自治过程中来，以此来锻炼、提升群众的自治能力和水平。其次是提高基层社会"法治指数"，其核心在于在基层社会中重塑"崇法""尚法""遵法"的法治意识与法治精神。这里所指的"法"并不仅仅指国家和地方立法机关制定的法律法规、行政机关制定的行政法规、规章和其他法律文件等法律文件，还包括基层自治组织制定的乡规民约、村规约法等"软法"。桐乡市组建了法律顾问制度和法律服务团，对部门和基层出台的重大决策实行"法律体检"，形成惠及全民的基本公共法律服务体系。同时，通过组建"法治驿站""义工法律诊所"等社区社会组织，让百姓在参与中了解

---

[1] 唐皇凤、汪燕：《新时代自治、法治、德治相结合的乡村治理模式：生成逻辑与优化路径》，载《河南社会科学》2020 年第 6 期，第 63~71 页。

[2] 郁建兴、任杰：《中国基层社会治理中的自治、法治与德治》，载《学术月刊》2018 年第 12 期，第 64~74 页。

法律和规则，增强法治观念。[1]最后是提高"德治指数"，其核心在于激发人们心中的道德自觉。桐乡市一方面通过组织乡镇中德高望重的贤达、企业家等组建"道德评议团"，评选道德模范，另一方面积极组织、举办例如道德讲堂、文化主题公园等文化活动，将德育精神在潜移默化中传递给每一个市民。通过这种双管齐下的方式，致力激发每一个市民的道德感，并对这种精神予以肯定和延续，将其内化为一种自觉的道德准则。经过多年的探索与实践，桐乡市逐渐发展出一套成熟的"三治"结合乡村治理体系，在公众参与、村务治理、纠纷化解等方面有显著变化，并且人们的法治意识与公共道德观念有了显著的提高。

二、"三治"结合方略的现实困境

"桐乡经验"将"三治"结合的乡村治理方略推到了基层治理体系的最前沿，并且在一定程度上重新塑造了基层治理的范式。但是马克思主义哲学原理告诉我们，具备光明前景的新生事物都要经过一个曲折的发展历程，这个过程是一个螺旋式上升、波浪式前进的进程。真理必然会经过一个肯定—否定—否定之否定的批判继承过程。再以浙江省桐乡市的"三治"结合乡村治理体系为例，它作为刚刚兴起几年的新生事物，必然存在着缺陷和不足，这集中体现在"三治"结合方略在实践过程出现的困境中。具体而言，目前版本的"三治"结合方略存在的现实问题主要有以下三个：一是行政化与自治性的二律背反；二是"三治"融合度不足，并没有实现"乘数效应"；三是"三治"结合方略并没有提供一个长效机制来抵抗激情过后

---

〔1〕 郁建兴、任杰：《中国基层社会治理中的自治、法治与德治》，载《学术月刊》2018年第12期，第64~74页。

的惯性反噬。

第一,"三治"结合方略所导致乡村治理行政化特点与乡村治理自治性相龃龉。现阶段的乡村治理必定以国家为主导,乡村治理工作只能在得到当地政府的许可或同意后才能开展。这可以解读为"政府主导,主体负责",这是由政府的法定地位、具体职能和组织属性所决定的。在"三治结合"的乡村治理场域,政府的主导地位易造成乡村治理的行政化和碎片化,而这有违乡村自治的精神和整体性治理的理念。[1]当地政府通过多种渠道"助力"基层治理,一方面实行严格的"划片式""网格化"管理,将所属区域的事务分别归入对口的行政主管部门;另一方面通过实施"干部驻村""送法下乡"等活动,将治理人才下沉到乡村。这种方式虽然有助于乡村治理能力的提高,但是这种方式不具备"内生性",而是属于"外援性"的措施,存在乡村自治事务行政化的风险,既会增加国家在乡村治理过程中投入的成本,又会导致乡村自治能力得不到历练。

第二,"三治"结合方略的主体配合不足,"三治"融合不够,三者并未形成一个有机结合的整体。从各地"三治"结合实践看来,多数重视"三治"而轻视"结合"。更多的只是从"治理工具箱"中分别提取自治、法治、德治工具对其进行改造升级并加以利用,[2]并没有认真地思考、分析、总结三者之间的相互关系和组合方案,最终导致在治理实践中出现各行其是、边界不明的现象。这种问题的存在其根源在于"三治"主体的职能不明晰、配合不到位。例如哪些是自治主体?哪些是法治

---

[1] 唐皇凤、汪燕:《新时代自治、法治、德治相结合的乡村治理模式:生成逻辑与优化路径》,载《河南社会科学》2020年第6期,第63~71页。

[2] 唐皇凤、汪燕:《新时代自治、法治、德治相结合的乡村治理模式:生成逻辑与优化路径》,载《河南社会科学》2020年第6期,第63~71页。

主体？哪些是德治主体？是否存在交叉主体？各自职能范围如何？三者间的地位为何？哪种主体为主导？这些问题都是目前"三治"结合方略所亟需回答的，也只有解决这些问题，"三治"结合方略才会有突破性的进展。

第四节　自治、法治、德治相结合方略的载体创新

我国乡村自治发展的历程可以用"三波段"理论加以概论总结"第一波就是以自然村为基础村民自治，主要表现为自我管理、自我教育、自我服务，这'三个自我'奠定了村民自治的基础，称之为村民自治1.0版本。第二波是以建制村为基础的村民自治，主要表现为民主选举、民主决策、民主管理和民主监督这四个民主，确立了现代村民自治制度，为村民自治的2.0版本。第三波是在建制村以下内生外动的村民自治即村民自治的3.0版本。"[1]目前所进行的"三治"结合乡村治理方略就是村民自治3.0版本的具体内容。因此若要真正推动村民自治的复位，必须突破"三治"方略所存在的现实瓶颈。有学者认为现阶段"三治"方略所存在的现实困境可以一言以蔽之，即目前各地的创新实践缺乏对"三治结合"的体制机制设计和载体创新，也未能运用系统思维对"三治"的组合方式和结构性配比进行探索。[2]因此，若要突破这种现状，必须将创新实践的矛头指向可以让"三治"有机结合的某种结构性要素。而这种能够发挥作用的结构性要素便是"三治"的载体。传统模

〔1〕　肖滨、方木欢：《寻求村民自治中的"三元统一"——基于广东省村民自治新形式的分析》，载《政治学研究》2016年第3期，第77~90页。

〔2〕　唐皇凤、汪燕：《新时代自治、法治、德治相结合的乡村治理模式：生成逻辑与优化路径》，载《河南社会科学》2020年第6期，第63~71页。

式下的'三治结合'乡村治理体系是以村委会为主要载体,因此有学者便产生这样的困惑:"若要创新'三治结合'乡村治理体系的载体就可能需要发展新型村民自治团体,但是发展新型村民自治团体就有可能与现行宪法相抵触。进而提出了若要进行载体创新便需要先修改宪法的结论。"[1]这种观点尽管从逻辑上是成立的,但是在现实中却缺乏实操性以及欠缺立法成本的考虑。我们如果从一种全局性的观点出发看待"三治"载体创新这个问题,就会发现一种比修改宪法增设新型自治团体更经济、实用、易操作,并且预期社会效益浮动更小的方法。这种方法便是将"三治"载体的重任由村民自治组织"一肩挑"转变为"发挥新乡贤在'三治'结合方略中的核心作用"。在论及如何健全"三治"结合的乡村治理体系,便有学者已经提出过要发挥新乡贤在其中的作用,但是却将目光局限在"德治"一隅,并且对其在"德治"中发挥的作用也是一笔带过,并未做出详细的探讨及实施方案。[2]但其实新乡贤所能发挥的效能并不仅仅局限在"德治"一域,而是可以贯穿"自治""法治""德治",并且能将三者有机结合、无缝衔接的结构性要素。

"新乡贤",顾名思义是与旧时代的"乡贤"存在一定的本质上相似性,但又在内涵上有所区别。钱念孙对"新乡贤"做出一种具有共识性的界定:"有德行、有才华,成长于乡土,奉献于乡里,在乡民邻里间威望高、口碑好的人,可谓之新乡贤。再宽泛一点说,只要有才能,有善念,有行动,愿意为农村建

---

〔1〕 丁文、冯义强:《论"三治结合"乡村治理体系的构建——基于鄂西南 H 县的个案研究》,载《社会主义研究》2019 年第 6 期,第 109~115 页。

〔2〕 高其才:《健全自治法治德治相结合的乡村治理体系》,载《农村·农业·农民(B 版)》2019 年第 3 期,第 42~45 页。

设出力的人，都可以称作新乡贤。"[1]有学者认为新乡贤具有时代性，在新时期的乡村振兴战略中人才是关键，包括致富能人、返乡创业者、新型企业家带领村庄发展的村干部等等只要是有助于"乡村振兴"的具有一定威信和影响力的人才都应该被划入新乡贤的范畴。[2]因此可以得知，所谓的新乡贤的范畴远大于传统乡贤，其所发挥的作用也是多元化的。这些有知识、有资源、有文化、有情怀，愿意为新时代乡村发展做贡献的新乡贤们，必将成为当代乡村治理的重要力量。"新乡贤文化"已经受到了中央的高度重视，国家"十三五"规划纲要明确将培育"新乡贤文化"作为一项重要的任务。在实施乡村振兴战略、实现中华民族伟大复兴中国梦的决胜时期，健全自治、法治、德治相结合的乡村治理体系是当务之急，而要健全"三治"结合的乡村治理体系必然离不开新乡贤的广泛参与。

一、新乡贤与乡村基层社会自治

乡村自治是"三治"结合的核心，如果自治无法保障，那么便不必奢谈德治与法治。若要保障村民自治制度的良性运行，其首要任务是要推动自治力量的回归，而在新时代的自治力量中，新乡贤是应当重视的一股力量。

首先，新乡贤参与到村民自治的具体治理事务中，有助于推动村民自治制度的完善以及拉动村民自治制度的活力。新乡贤具有良好的公民素养、较强的主人翁意识与丰富的眼界与见识，在文化、素养、主人翁意识均较低水平的乡村中，新乡贤

---

〔1〕　钱念孙：《新农村呼唤新乡贤———代表委员畅谈新乡贤文化》，载《光明日报》2016年3月13日。

〔2〕　于韬、蒲娇：《社会转型期背景下新乡贤当代价值的建构与重塑》，载《吉首大学学报（社会科学版）》2019年第S1期，第65~69页。

一般具有"话事人"的地位，对大事小情具有较高的话语权。当新乡贤以村民的身份加入到村民委员会、村民会议等管理、议事平台时，一方面会增强村民对自治组织权威的认同，一方面会吸引、带动其他村民参事议事的兴趣与热情，从而提高村民自治制度的活力，有效缓解村民自治制度"空转"的状态。

其次，新乡贤能够承担乡村治理中大量的社会事务，弥补基层政府治理能力弱化的缺点，同时能够促使乡村自治职能的复位。近年来，随着农村改革与法治政府建设，基层政府的角色由家长式"大包办"的管理型政府逐步转变为综合服务型政府。这种政府职能角色的转变长远看来是具备远大发展前景的正确选择，但是在立足未稳的过渡期，将必然会产生基层政府职能弱化，而妥当处理基层社会事务的新生机制尚未建立的后果。"新乡贤"一般具备良好的教育背景，智识水平较高、丰富的人脉资源、丰厚的财力资源，对于乡村公共建设和公共服务的缺失，往往有能力也有意愿参与其中，也愿意发起和主持公益活动。[1]利用新乡贤的人力与物力资源，能够在不需要政府扶助的情况下，提供更多的公共产品，促进乡村公共事业的发展与社会事务的妥善处理。

最后，新乡贤能够有效净化村民自治组织的运行环境，切实维护广大村民的利益。由于监督机制缺乏，村干部选举曾经发生过贿赂和腐败现象。有的村干部在决策过程中个人拍板，导致农民利益受到侵蚀，群众对村干部的信任度降低，干群关系紧张。[2]通过有威望的"新乡贤"参与到村民选举、村民议

---

〔1〕 夏红莉：《"新乡贤"与健全自治、法治、德治相结合的乡村治理体系》，载《湖南省社会主义学院学报》2018年第3期，第64~67页。

〔2〕 黄文记：《"三治"结合乡村治理体系中新乡贤的作用研究》，载《西南民族大学学报（人文社会科学版）》2021年第1期，第171~177页。

事中来，有利于村干部更好工作。例如贵州铜仁等民族地区形成了"村'两委'+乡贤会"基层社会治理模式，新乡贤与村两委协同治理，形成一个相对完整的村级民主治理体系。[1]

二、新乡贤与乡村基层社会德治

在传统乡村治理中，"德治"是乡村治理体系的核心，宗族乡绅以儒家伦理道德为安身立命之本，以习俗为延续传统的方式，通过德育来维护乡村秩序。尽管在步入新时代后，乡村治理模式发生了天翻地覆的变化，"德治"已经不再是乡村治理体系的核心，但是在乡村治理工作中，"德治"仍然是不可缺失的，仍具有现代价值供我们取用。而在新时代，"新乡贤"仍能够发挥传统乡贤在传统社会中"定风丹"一般的作用。"新乡贤"能够重构乡村道德体系，对乡村德治的实现有着重要的促进作用。

首先，"新乡贤"能够发挥模范、引领作用，重塑乡村内生性道德规则。"新乡贤"一般具有良好的文化底蕴和道德素质，其本身所具有的这种特质便促使他躬身耕耘、无私奉献。在耳濡目染下，村民便会潜移默化地被"新乡贤"的所作所为影响，经历一个从敬佩到模仿到自觉的过程，从而将道德内化为一个自觉遵守的基本行为准则。

其次，"新乡贤"是社会主义核心价值观在乡村的践行者和引领者。现代意义的德治除了传统道德精髓外，还应包括社会主义核心价值观等要义，需要结合新时代的特征和要求对乡村社会道德创新发展。[2]我国社会主义核心价值观可以分为三个

---

〔1〕 黄文记：《"三治"结合乡村治理体系中新乡贤的作用研究》，载《西南民族大学学报（人文社会科学版）》2021年第1期，第171~177页

〔2〕 郁建兴：《"三治"结合提升基层治理水平》，载《哈尔滨日报》2019年11月27日。

层次，分别是国家、社会与个人三个层次。社会主义核心价值观在乡村治理中主要体现为后两个层面。"新乡贤"通过个人行为（例如修缮道路、校舍、设立基金等）或者制定、参与乡规民约的方式，体现自由、平等、公正、法治、爱国、敬业、诚信、友善的核心价值理念。从而达成一种良性循环的状态："新乡贤"既传递了社会主义核心价值观，对村民起到了榜样示范的作用，又通过一系列行为提升了自身的道德素养，从而更加用心地投入社会主义核心价值观践行者的行列，垂范乡里，涵养民风。

三、新乡贤与乡村基层社会法治

"法治"是乡村治理体系的保障，也是基层乡村自治的重要指引，其作用在于"确保基层治理规范有序"[1]。"乡村法治"是指乡村法治包括法律、法规、村规民约、民间协议以及公共秩序，还包括在开展群众工作和解决冲突与争端时树立法治观念、贯穿法治思想、使用法治方法。[2]而我国传统的乡村社会是以道德、习俗、传统等社会规范为规范自身行为的基本行为规范，传统乡村社会对于规则是具备遵守的传统的。"法治"所暗含的也是一系列的行为规范，因此，法治精神一直贯穿于传统乡村社会。[3]因此，乡村法治建设的根本不在于想办法如何去推动"法律"的实施，而是在于构建一套适合新时代乡村情

---

〔1〕 郁建兴：《"三治"结合提升基层治理水平》，载《哈尔滨日报》2019年11月27日。

〔2〕 黄文记：《"三治"结合乡村治理体系中新乡贤的作用研究》，载《西南民族大学学报（人文社会科学版）》2021年第1期，第171~177页。

〔3〕 黄文记：《"三治"结合乡村治理体系中新乡贤的作用研究》，载《西南民族大学学报（人文社会科学版）》2021年第1期，第171~177页。

况又有着高度认同的乡村社会规范。[1]"新乡贤"作为内生性的权威群体，具备基层政府或下派的"村官"等嵌入式权威所不具有的天然优势。

首先，"新乡贤"能够通过行为活动提高、训练村民、干部法治意识、法律思维。"新乡贤"中不乏老干部、老模范、老退伍复转军人、老教师、知识分子、商人等，他们具有法治意识和对法治的高度认同，他们在日常生活中依法办事的习惯对农村干部群众可以产生无声的引导。[2]另外，"新乡贤"通过开展法治宣传教育等活动，对群众、干部进行法治解读，提高群众、干部的法治意识，教群众、干部用法治的思维思考乡村治理中的大事小情，引导群众、干部学法、懂法、信法、用法、遵法，从而可以有效地形成法治之风尚。

其次，"新乡贤"能够通过参与、制定具有共同认同乡规民约，并对乡村基层政府起到一定的监督、矫正作用。"新乡贤"一般受过良好的教育，具有强烈的权利观念与维权意识，让"新乡贤"参与到制定、修改乡规民约的过程中来，有利于将道德问题与法律问题相分离，将伦理道德问题在乡村自治内部消化，而将法律问题诉诸政府或司法机构，从而达到分而治之的良好状态。由"新乡贤"进行界定并提出解决方案，有利于及时维护村民合法权益，促使基层政府依法行政，依法依规处理农村土地征迁、集体财产分配等问题，从而达到公开公正的良好状态。

---

〔1〕黄文记：《"三治"结合乡村治理体系中新乡贤的作用研究》，载《西南民族大学学报（人文社会科学版）》2021年第1期，第171~177页。

〔2〕夏红莉：《"新乡贤"与健全自治、法治、德治相结合的乡村治理体系》，载《湖南省社会主义学院学报》2018年第3期，第64~67页。

参考文献

一、中文著（译）作

1. 习近平：《决胜全面建成小康社会 夺取新时代中国特色社会主义伟大胜利——在中国共产党第十九次全国代表大会上的报告（2017年10月18日）》，人民出版社2017年版。

2. 吴晗等：《皇权与绅权》，华东师范大学出版社2015年版。

3. （清）梁章钜：《称谓录》（校注本），王释非、许振轩点校，福建人民出版社2003年版。

4. 柳诒徵编著：《中国文化史》（下册），中国大百科全书出版社1988年版。

5. 《第一次国内革命战争时期的农民运动资料》，人民出版社1983年版。

6. 《四书》，陈晓芬等译，中华书局2017年版。

7. 张厚安主编：《中国农村基层政权建设》，四川人民出版社1992年版。

8. （汉）郑玄注，（唐）贾公彦疏：《周礼注疏》，上海古籍出版社2010年版。

9. 赵秀玲：《中国乡里制度》，社会科学文献出版社1998年版。

10. （汉）班固撰：《汉书》，中华书局2007年版。

11. （唐）杜佑撰：《通典》，浙江古籍出版社2000年版。

12. 齐涛：《魏晋隋唐乡村社会研究》，山东人民出版社1995年版。

13. ［美］吉尔伯特·罗兹曼主编：《中国的现代化》，陶骅等译，上海人民出版社1989年版。

14. ［美］邓尔麟：《嘉定忠臣——十七世纪中国士大夫之统治与社会变

迁》，宋华丽译，中央编译出版社 2012 年版。

15. 方志远：《明代国家权力结构及运行机制》，科学出版社 2008 年版。

16. 李世众：《晚清士绅与地方政治——以温州为中心的考察》，上海人民出版社 2006 年版。

17. 吴佩林：《清代县域民事纠纷与法律秩序考察》，中华书局 2013 年版。

18. （晋）杜预撰，（唐）孔颖达疏：《左传》，中华书局 1957 年版。

19. 萧公权：《中国乡村——论 19 世纪的帝国控制》，张皓、张升译，联经出版事业股份有限公司 2014 年版。

20. ［日］内山雅生：《二十世纪华北农村社会经济研究》，李恩民、邢丽荃译，中国社会科学出版社 2001 年版。

21. 秦晖：《传统十论——本土社会的制度、文化及其变革》，复旦大学出版社 2004 年版。

22. 李德芳：《民国乡村自治问题研究》，人民出版社 2001 年版。

23. 杨念群主编：《空间·记忆·社会转型："新社会史"研究论文精选集》，上海人民出版社 2001 年版。

24. ［法］米歇尔·福柯：《词与物：人文科学考古学》，莫伟民译，上海三联书店 2001 年版。

25. ［法］爱弥尔·涂尔干：《宗教生活的基本形式》，渠敬东、汲喆译，上海人民出版社 1999 年版。

26. ［美］韩明士：《道与庶道：宋代以来的道教、民间信仰和神灵模式》，皮庆生译，江苏人民出版社 2007 年版。

27. ［法］葛兰言：《中国人的宗教信仰》，程门译，贵州人民出版社 2010 年版。

28. ［美］王斯福：《帝国的隐喻：中国民间宗教》，赵旭东译，江苏人民出版社 2008 年版。

29. （清）张廷玉等：《清朝文献通考》（田赋考），商务印书馆 1935 年版。

30. ［美］詹姆斯·克利福德、乔治·E. 马库斯编：《写文化——民族志的诗学与政治学》，高丙中等译，商务印书馆 2006 年版。

31. ［法］龙巴尔、李学勤主编：《法国汉学》（第 1 辑），清华大学出版社 1996 年版。

32. 陈登武：《从人间世到幽冥界：唐代的法制、社会与国家》，五南图书出版有限公司 2006 年版。

33. ［美］杨庆堃：《中国社会中的宗教：宗教的现代社会功能与其历史因素之研究》，范丽珠等译，上海人民出版社 2007 年版。

34. ［美］焦大卫：《神·鬼·祖先：一个台湾乡村的民间信仰》，丁仁杰译，联经出版事业股份有限公司 2012 年版。

35. 《法国汉学》丛书编辑委员会编：《法国汉学》（第 4 辑），中华书局 1999 年版。

36. 《法国汉学》丛书编辑委员会编：《法国汉学》（第 3 辑），清华大学出版社 1998 年版。

37. 章太炎等：《诗经二十讲》，郭万金选编，华夏出版社 2009 年版。

38. 朱海滨：《祭祀政策与民间信仰变迁——近世浙江民间信仰研究》，复旦大学出版社 2008 年版。

39. ［美］孔飞力：《叫魂：1768 年中国妖术大恐慌》，陈兼、刘昶译，上海三联书店 1999 年版。

40. ［日］深町英夫：《教养身体的政治：中国国民党的新生活运动》，深町英夫译，生活·读书·新知三联书店 2017 年版。

41. ［英］E. 霍布斯鲍姆、T. 兰格：《传统的发明》，顾杭、庞冠群译，译林出版社 2004 年版。

42. ［美］欧爱玲：《饮水思源：一个乡村的道德话语》，钟晋兰、曹嘉涵译，社会科学文献出版社 2013 年版。

43. ［美］杜赞奇：《文化、权力与国家：1900-1942 年的华北农村》，王福明译，江苏人民出版社 2010 年版。

44. ［丹麦］曹诗弟：《文化县：从山东邹平的乡村学校看二十世纪的中国》，泥安儒译，山东大学出版社 2005 年版。

45. 李书磊：《村落中的"国家"——文化变迁中的乡村学校》，浙江人民出版社 1999 年版。

46. 费孝通：《乡土中国》，生活·读书·新知三联书店 1985 年版。

47. ［美］施坚雅：《中国农村的市场和社会结构》，史建云、徐秀丽译，中国社会科学出版社 1998 年版。

48. 薛君度、刘志琴主编:《近代中国社会生活与观念变迁》,中国社会科学出版社 2001 年版。

49. 金观涛、刘青峰:《观念史研究:中国现代重要政治术语的形成》,法律出版社 2009 年版。

50. [美] 本杰明·I. 史华慈:《中国的共产主义与毛泽东的崛起》,陈玮译,中国人民大学出版社 2006 年版。

51. [法] 莫娜·奥祖夫:《革命节日》,刘北成译,商务印书馆 2012 年版。

52. [德] 卡尔·施米特:《政治的神学》,刘宗坤等译,上海人民出版社 2015 年版。

53. [罗马尼亚] 米尔恰·伊利亚德:《神圣与世俗》,王建光译,华夏出版社 2002 年版。

54. [英] 罗素:《西方哲学史》(上卷),何兆武、李约瑟译,商务印书馆 1963 年版。

55. [匈牙利] 阿格妮丝·赫勒:《激进哲学》,赵司空、孙建茵译,黑龙江大学出版社 2011 年版。

56. [英] 鲁斯·列维塔斯:《乌托邦之概念》,李广益、范轶伦译,中国政法大学出版社 2018 年版。

57. [美] 维塞尔:《普罗米修斯的束缚——马克思科学思想的神话结构》,李昀、万益译,华东师范大学出版社 2014 年版。

58. [日] 柄古行人:《马克思:其可能性的中心》,[日] 中田友美译,中央编译出版社 2006 年版。

59. [美] 周锡瑞:《义和团运动的起源》,张俊义、王栋译,江苏人民出版社 1995 年版。

60. [荷] 田海:《天地会的仪式与神话:创造认同》,李恭忠译,商务印书馆 2018 年版。

61. [美] 史景迁:《"天国之子"和他的世俗王朝:洪秀全与太平天国》,朱庆葆等译,上海远东出版社 2001 年版。

62. 《孙中山全集》(第 9 卷),中华书局 1981 年版。

63. 陈越编:《哲学与政治:阿尔都塞读本》,吉林人民出版社 2003 年版。

64. 王奇生主编：《新史学（第七卷）：20 世纪中国革命的再阐释》，中华书局 2013 年版。

65. ［英］雷蒙德·威廉斯：《文化与社会》，吴松江、张文定译，北京大学出版社 1991 年版。

66. ［法］克洛德·列维·斯特劳斯：《野性的思维》，李幼蒸译，中国人民大学出版社 2006 年版。

67. 科大卫：《皇帝和祖宗：华南的国家与宗族》，卜永坚译，江苏人民出版社 2010 年版。

68. 曹锦清、张乐天、陈中亚：《当代浙北乡村的社会文化变迁》，上海远东出版社 2001 年版。

69. ［美］西奥多·W. 舒尔茨：《改造传统农业》，梁小民译，商务印书馆 2006 年版。

70. ［俄］A. 恰亚诺夫：《农民经济组织》，萧正洪译，中央编译出版社 1996 年版。

71. ［美］詹姆斯·C. 斯科特：《农民的道义经济学：东南亚的反叛与生存》，程立显等译，译林出版社 2001 年版。

72. ［美］黄宗智：《华北的小农经济与社会变迁》，中华书局 1986 年版。

73. ［美］李怀印：《华北村治——晚晴和民国时期的国家与乡村》，岁有生、王士皓译，中华书局 2008 年版。

74. ［美］J. 米格代尔：《农民、政治与革命——第三世界政治与社会变革的压力》，李玉琪、袁宁译，中央编译出版社 1996 年版。

75. 徐勇：《非均衡的中国政治：城市与乡村比较》，中国广播电视出版社 1992 年版。

76. ［美］托马斯·C. 谢林：《微观动机与宏观行为》，谢静、邓子梁、李天有译，中国人民大学出版社 2005 年版。

77. 高王凌：《人民公社时期中国农民"反行为"调查》，中共党史出版社 2006 年版。

78. 冯兴元：《地方政府竞争：理论范式、分析框架与实证研究》，译林出版社 2010 年版。

79. ［美］罗伯特·C. 埃里克森：《无需法律的秩序——邻人如何解决纠

纷》，苏力译，中国政法大学出版社 2003 年版。

80. ［荷］何·皮特：《谁是中国土地的拥有者？——制度变迁、产权和社会冲突》，林韵然译，社会科学文献出版社 2008 年版。

81. ［美］丹尼尔·W. 布罗姆利：《经济利益与经济制度——公共政策的理论基础》，陈郁等译，上海三联书店 2006 年版。

82. ［美］霍菲尔德：《基本法律概念》，张书友编译，中国法制出版社 2009 年版。

83. ［美］卡尔·威尔曼：《真正的权利》，刘振宇等译，商务印书馆 2015 年版。

84. ［美］罗伯特·艾克斯罗德：《对策中的制胜之道——合作的进化》，吴坚忠译，上海人民出版社 1996 年版。

85. ［英］H. L. A. 哈特：《法律的概念》，许家馨、李冠宜译，法律出版社 2006 年版。

86. ［美］冯·诺依曼·摩根斯顿：《博弈论与经济行为》（上册）王文玉、王宇译，生活·读书·新知三联书店 2004 年版。

87. 李进金、李克典、林寿编著：《基础拓扑学导引》，科学出版社 2009 年版。

88. ［美］斯蒂芬·巴尔：《拓扑试验》，许明译，上海教育出版社 2002 年版。

89. 于阳：《江湖中国：一个非正式制度在中国的起因》，当代中国出版社 2006 年版。

90. 老舍：《断魂枪》，北京燕山出版社 2011 年版。

91. 蔡定剑：《历史与变革——新中国法制建设的历程》，中国政法大学出版社 1999 年版。

92. 张晋藩：《中国法制 60 年 （1949－2009）》，陕西人民出版社 2009 年版。

93. 蒋传光等：《新中国法治简史》，人民出版社 2011 年版。

94. 金耀基：《中国现代化与知识分子》，时报出版公司 1977 年版。

95. 俞可平等：《中国公民社会的兴起与治理的变迁》，社会科学文献出版社 2002 年版。

96. ［美］沈大伟：《中国共产党：收缩与调适》，吕增奎、王新颖译，中央编译出版社 2012 年版。

97. 张立文主编：《道》，中国人民大学出版社 1989 年版。

二、中文论文

1. 刘泽华：《战国时期的"士"》，载《历史研究》1987 年第 4 期。

2. 蒋宇航：《基于〈中国绅士研究〉探讨传统社会下的中国绅士》，载《散文百家（理论）》2021 年第 7 期。

3. 杨海坤、曹寻真：《中国乡村自治的历史根源、现实问题与前景展望》，载《江淮论坛》2010 年第 3 期。

4. 余进东：《民国时期"劣绅"话语源流考略》，载《江苏大学学报（社会科学版）》2012 年第 1 期。

5. 徐祖澜：《乡绅之治与国家权力——以明清时期中国乡村社会为背景》，载《法学家》2016 年第 6 期。

6. 刘云超：《生命的延续与荀学之"乡愿"——兼论荀学人性论起点是生命意识》，载《东岳论丛》2016 年第 8 期。

7. 刘林静：《从孔子之"乡愿"到此在的"沉沦"》，载《文化学刊》2019 年第 6 期。

8. 沈宝钢：《黑格尔论伪善的三重形态——兼与儒家乡愿比较》，载《江苏科技大学学报（社会科学版）》2020 年第 1 期。

9. 葛荃：《作为政治人格的狂狷、乡愿与伪君子——以晚明东林诸君见解为据》，载《东岳论丛》2008 年第 6 期。

10. 杨筱柏、赵霞：《简析传统乡贤的自治能力及现代新乡贤的培育》，载《社科纵横》2018 年第 5 期。

11. 谢静：《新乡贤文化对我国农村文化建设的作用》，载《世纪桥》2016 年第 2 期。

12. 张颐武：《重视现代乡贤》，载《人民日报》2015 年 9 月 30 日。

13. 耿羽、郗永勤：《精准扶贫与乡贤治理的互塑机制——以湖南 L 村为例》，载《中国行政管理》2017 年第 4 期。

14. 萧子扬、黄超：《新乡贤：后乡土中国农村脱贫与乡村振兴的社会知觉表征》，载《农业经济》2018 年第 1 期。

15. 王先明：《乡绅权势消退的历史轨迹——20 世纪前期的制度变迁、革命话语与乡绅权力》，载《南开学报（哲学社会科学版）》2009 年第 1 期。

16. 李静：《当代乡村叙事中乡贤形象的变迁》，载《江苏社会科学》2016 年第 2 期。

17. 崔晓芳：《新乡贤参与农村公共物品供给研究》，载《哈尔滨师范大学社会科学学报》2016 年第 5 期。

18. 金太军：《村庄治理中三重权互动的政治社会学分析》，载《战略与管理》2002 年第 2 期。

19. 贺雪峰、董磊明、陈柏峰：《乡村治理研究的现状与前瞻》，载《学习与实践》2007 年第 8 期。

20. 党国英：《我国乡村治理改革回顾与展望》，载《社会科学战线》2008 年第 12 期。

21. 俞可平、徐秀丽：《中国农村治理的历史与现状——以定县、邹平和江宁为例的比较分析》，载《经济社会体制比较》2004 年第 2 期。

22. 苏敬媛：《从治理到乡村治理：乡村治理理论的提出、内涵及模式》，载《经济与社会发展》2010 年第 9 期。

23. 郎友兴：《走向总体性治理、村政的现状与乡村治理的走向》，载《华中师范大学学报（人文社会科学版）》2015 年第 2 期。

24. 周庆智：《基层治理：一个现代性的讨论——基层政府治理现代化的历时性分析》，载《华中师范大学学报（人文社会科学版）》2014 年第 5 期。

25. 徐勇：《现代国家的建构与村民自治的成长——对中国村民自治发生与发展的一种阐释》，载《学习与探索》2006 年第 6 期。

26. 叶泉：《基层治理需要重拾"乡贤"概念》，载《法制日报》2015 年 11 月 20 日。

27. 李春峰：《抗战时期中国共产党对乡村的社会整合——以晋察冀边区为例》，载《辽宁行政学院学报》2014 年第 4 期。

28. 刘同君、王蕾：《论新乡贤在新时代乡村治理中的角色功能》，载《学习与探索》2019 年第 11 期。

29. 裴斌：《"乡贤治村"与村民自治的发展走向》，载《甘肃社会科学》2016 年第 2 期。

30. 胡序杭：《"先富能人治村"：农村基层党组织建设面临的新问题及其对策》，载《中共杭州市委党校学报》2005 年第 3 期。

31. 李芬芬、陈稀奏：《新乡贤研究的文献综述》，载《衡阳师范学院学报》2018 年第 4 期。

32. 姜方炳：《"乡贤回归"：城乡循环修复与精英结构再造——以改革开放 40 年的城乡关系变迁为分析背景》，载《浙江社会科学》2018 年第 10 期。

33. 张新民：《从乡贤文化看社会秩序的重建》，载《教育文化论坛》2016 年第 3 期。

34. 董玉节：《"金扁担"蕴含硬道理》，载《人民日报》2020 年 6 月 1 日。

35. 高丙中：《中国人的生活世界：民俗学的路径》，载《民俗研究》2010 年第 1 期。

36. 贺雪峰：《论乡村治理内卷化——以河南省 K 镇调查为例》，载《开放时代》2011 年第 2 期。

37. 李祖佩：《乡村治理领域中的"内卷化"问题省思》，载《中国农村观察》2017 年第 6 期。

38. ［德］何梦笔：《论中国转型中的内生性政治约束——一种演化论的视角》，赵冬梅译，《国外理论动态》2013 年第 3 期。

39. 郁建兴：《从行政推动到内源发展：当代中国农业农村发展的战略转型》，载《经济社会体制比较》2013 年第 3 期。

40. 熊万胜：《合作社：作为制度化进程的意外后果》，载《社会学研究》2009 年第 5 期。

41. 赵军洁、高强、吴天龙：《家庭农场经营行为与政府公共目标的实践偏离及政策优化》，载《经济纵横》2018 年第 2 期。

42. 贺雪峰、仝志辉：《论村庄社会关联——兼论村庄秩序的社会基础》，载《中国社会科学》2002 年第 3 期。

43. 肖瑛：《差序格局与中国社会的现代转型》，载《探索与争鸣》2014 年第 6 期。

44. 温铁军、高俊：《重构宏观经济危机"软着陆"的乡土基础》，载《探索与争鸣》2016 年第 4 期。

45. 郭于华：《"道义经济"还是"理性小农"——重读农民学经典论题》，载《读书》2002 年第 5 期。

46. 邓大才：《社会化小农：一个尝试的分析框架——兼论中国农村研究的分析框架》，载《社会科学研究》2012 年第 4 期。

47. 徐勇：《农民理性的扩张："中国奇迹"的创造主体分析——对既有理论的挑战及新的分析进路的提出》，载《中国社会科学》2010 年第 1 期。

48. 何慧丽等：《政府理性与村社理性：中国的两大"比较优势"》，载《国家行政学院学报》2014 年第 6 期。

49. 徐嘉鸿、贾林州：《从"村社理性"到"村社制度"：理解村庄治理逻辑变迁的一个分析框架》，载《西北农林科技大学学报（社会科学版）》2014 年第 2 期。

50. 渠鲲飞、左停：《乡村振兴的内源式建设路径研究——基于村社理性的视角》，载《西南大学学报（社会科学版）》2019 年第 1 期。

51. 邓大才：《"圈层理论"与社会化小农——小农社会化的路径与动力研究》，载《华中师范大学学报（人文社会科学版）》2009 年第 1 期。

52. 苑鹏：《中国农村市场化进程中的农民合作组织研究》，载《中国社会科学》2001 年第 6 期。

53. 仝志辉、温铁军：《资本和部门下乡与小农户经济的组织化道路——兼对专业合作社道路提出质疑》，载《开放时代》2009 年第 4 期。

54. 邓衡山、王文烂：《合作社的本质规定与现实检视——中国到底有没有真正的农民合作社?》，载《中国农村经济》2014 年第 7 期。

55. 姜睿清、黄新建、谢菲：《为什么农民无法从"公司+农户"中受益》，载《中国农业大学学报（社会科学版）》2013 年第 3 期。

56. 长子中：《资本下乡需防止"公司替代农户"》，载《红旗文稿》2012 年第 4 期。

57. 熊万胜、石静梅：《企业"带动"农户的可能与限度》，载《开放时代》2011 年第 4 期。

58. 陈义媛:《资本主义式家庭农场的兴起与农业经营主体分化的再思考——以水稻生产为例》,载《开放时代》2013 年第 4 期。

59. 黄金秋、史顺超:《地方政府作用对农民专业合作社成长影响的实证分析》,载《统计与决策》2018 年第 19 期。

60. 折晓叶:《合作与非对抗性抵制——弱者的"韧武器"》,载《社会学研究》2008 年第 3 期。

61. 郁建兴、高翔:《地方发展型政府的行为逻辑及制度基础》,载《中国社会科学》2012 年第 5 期。

62. 曹正汉:《产权的社会建构逻辑——从博弈论的观点评中国社会学家的产权研究》,载《社会学研究》2008 年第 1 期。

63. 管兵:《农村集体产权的脱嵌治理与双重嵌入——以珠三角地区 40 年的经验为例》,载《社会学研究》2019 年第 6 期。

64. 董磊明、陈柏峰、聂良波:《结构混乱与迎法下乡——河南宋村法律实践的解读》,载《中国社会科学》2008 年第 5 期。

65. 刘杨:《基本法律概念的构建与诠释——以权利与权力的关系为重心》,载《中国社会科学》2018 年第 9 期。

66. 江怡:《什么是概念的拓扑空间?》,载《世界哲学》2008 年第 5 期。

67. 倪星、王锐:《权责分立与基层避责:一种理论解释》,载《中国社会科学》2018 年第 5 期。

68. 张龙、孟玲:《"混":一个本土概念的社会学探索》,载《青年研究》2015 年第 3 期。

69. 李步云:《中国法治历史进程的回顾与展望》,载《法学》2007 年第 9 期。

70. 公丕祥:《中国特色社会主义法治道路的时代进程》,载《中国法学》2015 年第 5 期。

71. 张志铭、于浩:《共和国法治认识的逻辑展开》,载《法学研究》2013 年第 3 期。

72. 何勤华:《新中国法学发展规律考》,载《中国法学》2013 年第 3 期。

73. 支振锋:《变法、法治与国家能力——对中国近代法制变革的再思考》,

载《环球法律评论》2010 年第 4 期。

74. 王绍光：《大转型：1980 年代以来中国的双向运动》，载《中国社会科学》2008 年第 1 期。

75. 渠敬东、周飞舟、应星：《从总体性支配到技术治理——基于中国 30 年改革经验的社会学分析》，载《中国社会科学》2009 年第 6 期。

76. 张浩：《法治的另一种可能性》，载《法制与社会发展》2016 年第 1 期。

77. 王绍光：《社会建设的方向："公民社会"还是人民社会?》，载《开放时代》2014 年第 6 期。

78. 凌斌：《当代中国法治实践中的"法民关系"》，载《中国社会科学》2013 年第 1 期。

79. 张文显：《中国步入法治社会的必由之路》，载《中国社会科学》1989 年第 2 期。

80. 周少华：《书斋里的法学家》，载《华东政法学院学报》2006 年第 4 期。

81. 陈金钊：《中国法理学研究中的"身份"焦虑》，载《华东政法大学学报》2014 年第 4 期。

82. 喻中：《何谓"法学家精神"?》，载《社会科学战线》2011 年第 1 期。

83. 李林：《论党与法的高度统一》，载《法制与社会发展》2013 年第 3 期。

84. 张恒山：《论坚持党的领导与依法治国》，载《安徽师范大学学报（人文社会科学版）》2015 年第 2 期。

85. 王杨：《传统士绅与次生治理：旧基层社会治理形态的新考察》，载《浙江社会科学》2020 年第 2 期。

86. 杨念群：《"士绅"的溃灭》，载《读书》2014 年第 4 期。

87. 郁建兴、任杰：《中国基层社会治理中的自治、法治与德治》，载《学术月刊》2018 年第 12 期。

88. 欧阳静：《乡村振兴背景下的"三治"融合治理体系》，载《天津行政学院学报》2018 年第 6 期。

89. 高其才：《健全自治法治德治相结合的乡村治理体系》，载《农村·农业·农民（B版）》2019年第3期。

90. 唐皇凤、汪燕：《新时代自治、法治、德治相结合的乡村治理模式：生成逻辑与优化路径》，载《河南社会科学》2020年第6期。

91. 徐勇：《找回自治：探索村民自治的3.0版》，《社会科学报》2014年第3期。

92. 肖滨、方木欢：《寻求村民自治中的"三元统一"——基于广东省村民自治新形式的分析》，载《政治学研究》2016年第3期。

93. 丁文、冯义强：《论"三治结合"乡村治理体系的构建——基于鄂西南H县的个案研究》，载《社会主义研究》2019第6期。

94. 钱念孙：《新农村呼唤新乡贤———代表委员畅谈新乡贤文化》，载《光明日报》2016年3月13日。

95. 于韬、蒲娇：《社会转型期背景下新乡贤当代价值的建构与重塑》，载《吉首大学学报（社会科学版）》2019年第S1期。

96. 夏红莉：《"新乡贤"与健全自治、法治、德治相结合的乡村治理体系》，载《湖南省社会主义学院学报》2018年第3期。

97. 黄文记：《"三治"结合乡村治理体系中新乡贤的作用研究》，载《西南民族大学学报（人文社会科学版）》2021年第1期。

98. 刘淑兰：《乡村治理中乡贤文化的时代价值及其实现路径》，载《理论月刊》2016年第2期。

99. 郁建兴：《"三治"结合提升基层治理水平》，载《哈尔滨日报》2019年11月27日。

100. 李巨澜：《近代乡绅劣化的成因——以苏北为个案的研究》，载《学海》2007年第5期。

101. 郭超：《用乡贤文化滋养主流价值观——访北京大学教授张颐武》，载《光明日报》2014年8月15日。

102. 高其才：《全面推进依法治国中的乡土法杰》，载《学术交流》2015年第11期。

103. 高其才：《当今瑶山的神判习惯法——以广西金秀六巷和田一起烧香诅咒堵路纠纷为考察对象》，载《法制与社会发展》2016年第1期。

104. 罗志田：《地方的近世史："郡县空虚"时代的礼下庶人与乡里社会》，

载《近代史研究》2015 年第 5 期。

105. 杨雪冬、托马斯·海贝勒、舒耕德：《地方政治的能动者：一个比较地方治理的分析路径》，载《东南学术》2013 年第 4 期。

106. 付翠莲、张慧：《"动员-自发"逻辑转换下新乡贤助推乡村振兴的内在机理与路径》，载《行政论坛》2021 年第 1 期。

107. 高万芹：《新乡贤在乡村振兴中的角色和参与路径研究》，载《贵州大学学报（社会科学版）》2018 年第 3 期。

108. 胡鹏辉、高继波：《新乡贤：内涵、作用与偏误规避》，载《南京农业大学学报（社会科学版）》2017 年第 1 期。

109. 李晓斐：《当代乡贤：理论、实践与培育》，载《理论月刊》2018 年第 2 期。

110. 李晓斐：《当代乡贤：地方精英抑或民间权威》，载《华南农业大学学报（社会科学版）》2016 年第 4 期。

111. 张兆成：《论传统乡贤与现代新乡贤的内涵界定与社会功能》，载《江苏师范大学学报（哲学社会科学版）》2016 年第 4 期。

112. 龚丽兰、郑永君：《培育"新乡贤"：乡村振兴内生主体基础的建构机制》，载《中国农村观察》2019 年第 6 期。

113. 张兴宇：《礼俗化：新乡贤的组织方式及其文化逻辑》，载《民俗研究》2020 年第 3 期。

114. 徐祖澜：《绅权的法理及其现实关照》，载《法治现代化研究》2021 年第 3 期。

三、外文文献

1. Prasenjit. Duara, *The Crisis of Global Modernity：Asian Traditions and a Sustainable Future*, Combridge University Press, 2015.

2. Shiping Zheng, *Party vs. State in Post－1949 China*, Cambridge University Press, 1997.

3. Peter Gärdenfors, *Conceptual Spaces：The Geometry of Thought*, Cambridge Massachusetts：The MIT Press, 2000.

4. Louis Althusser, *Lenin and Philosophy*, New York and London. Monthly

Review Press, 1971.

5. James H. Williams ed. , (*Re*) *Constructing Memory: School Textbooks and the Imagination of the Nation*, Sense Publishers, 2014.

6. RichardMadson, *China's Catholics*, *Tragedy and Hope in Emerging Civil Society*, Berkley: University Press, 1998.

7. Ernst, *Bloch: The Spirit of Utopia*, Stanford University Press. 2000.

8. Ludolf Wagner, *Reenacting the Heavenly Vision: The Role of Religon in Taiping Rebellion*, University of California Press, 1987.

9. Popkin, Samuel, *The Rational Peasant: The Political Economy of Rural Society in Vietman*, Bekeley: University of California Press, 1979.

10. Gordon White (eds), *The Chinese State in the Era of Economic Reform: The Road to Crisis*, Macmillan Press 1998.

11. Jean. Oi, "The Role of the Local State in China's Transitional Economy," *The China Quarterly*, *SpecialIssue: China's Transitional Economy*, no. 144 (Dec1995).

12. Walder. Andrew, " Local GovernmentsAsIndustrial Firms: An Organization-alAnalysis of China's Transitional Economy" , *AmericanJournalof Sociology*, Vol. 101, no. . 2 (Sep 1995).

13. PengYusheng , "Chinese Villages and Townships as Industrial Corporations: Ownership, Governance , and Market Discipline," *American Journal of Sociology*, Vol. 106, no. 5 (2001).

14. Wesley Newcomb Hohfeld, *Fundamental Legal Conceptions: As Appley in Judicial Reasoning and other Legal Essays*, New Haven: Yale University Press, 1919.

15. Ernst Fehr and UrsFischbacher, " Third—Party Punishment and Social Norms" , *Evolution and Human Behavior*, Vol. 25, no. 2 (Jan 2004).

16. Steven Lukes, *Power: A Radical View*, London: Macmillan Press, 2005.

17. Alvin E. Roth, *Axiomatic Models of Bargaining*, Berlin: Springer-Verlag, 1979.

18. Luc Lauwers, " Topological Social Choice" , *Mathematical Social Sciences*, Vol, 40, no. 2 (2000).

19. ［日］石川祯浩:《毛沢東に関する人文学の研究》，中西印刷株式会社 2020 年版。

20. ［日］丸田孝志:《革命の儀礼：中國共產黨根據地の政治動員と民俗》，汲古书院 2013 年版。